改变世界的巨人

莫尔斯 贝尔 贝尔德

松鹰 著

童趣出版有限公司编　人民邮电出版社出版
北　京

图书在版编目（CIP）数据

改变世界的巨人莫尔斯 贝尔 贝尔德 / 松鹰著 ; 童趣出版有限公司编. -- 北京 : 人民邮电出版社, 2021.8
ISBN 978-7-115-55092-7

Ⅰ. ①改… Ⅱ. ①松… ②童… Ⅲ. ①塞缪尔·莫尔斯—生平事迹—少儿读物②贝尔(Bell, Alexander Graham 1847-1922)—少儿读物③约翰·洛吉·贝尔德—少儿读物 Ⅳ. ①K837.126.16-49②K835.656.16-49

中国版本图书馆CIP数据核字(2020)第205935号

责任编辑：巨明珠
责任印制：孙智星
美术编辑：段 芳

编　　：童趣出版有限公司
出　　版：人民邮电出版社
地　　址：北京市丰台区成寿寺路 11 号邮电出版大厦（100164）
网　　址：www.childrenfun.com.cn

经销发行：010 - 81054120
读者热线：010 - 81054177

印　　刷：天津千鹤文化传播有限公司
开　　本：880×1270　1/32
印　　张：6.25
字　　数：125 千
版　　次：2021 年 8 月第 1 版　2021 年 8 月第 1 次印刷
书　　号：ISBN 978-7-115-55092-7
定　　价：28.00 元

序

莫尔斯是一位美国画家兼电报发明家。1832 年，在一艘名叫“萨丽号”的邮船上，莫尔斯被一个电磁铁的科普演讲所打动，毅然决定改行，投身于电学研究。他冒着失败的风险，在崎岖不平的道路上努力前行，历尽艰辛，屡遭挫折。在试制电报机的过程中，莫尔斯节衣缩食，生活极其困苦，但他始终没有放弃。坚持不懈的努力和友人的帮助，使莫尔斯最终获得成功。1844 年 5 月 24 日，他从华盛顿向巴尔的摩拍发了人类历史上的第一封电报：“上帝创造了何等的奇迹！”

贝尔是著名的电话发明家、聋哑儿童教育家。贝尔出生于语音学世家，因此他在对人类的语音研究方面有着得天独厚的优势。在实验中，他受到铁片的震颤声会沿着导线从一个房间传到另一个房间这一现象的启发，确信人的声音也能够通过电导线传递。电话由此诞生。它很快在美国普及并传遍全世界，对现代文明产生了深远的影响。除了电话，贝尔还发明了金属探测仪、载人滑翔机、水翼艇、空调系统，改良了留声机，并提出光通信的构想。但他最有名的发明还是电话，所以他被誉为“电话之父”。

贝尔德是苏格兰工程师和机械式扫描电视的发明人。他从小富有幻想，喜欢摆弄机械。上小学时，他就养成了发明创造的习惯。

贝尔德大学毕业后成为电气工程师，他胸怀鸿鹄之志，心中充满了对发明电视的渴望。为了谋生和筹集研制经费，贝尔德卖过袜子，推销过蜂蜜，还搞过肥皂制造。可惜他是一个蹩脚的商人，厄运一直伴随着他。但他锲而不舍，最后终于获得了成功——他发明的机械式扫描电视机，揭开了人类电视广播的序幕。

上帝创造了何等的奇迹！

——1844 年 5 月 24 日世界上第一封电报的电文

近代史上没有哪个日子能与电报的发明带来的划时代影响相比拟。

——奥地利作家茨威格

当人们得知电话会说话，而且说得几乎和人的嘴巴一样好，即使隔着一段距离，仍然能传出可辨的说话声，它的名声就像野火一样传开了。

——1876 年荷兰《自然》杂志

贝尔德是发明电视的第一人。他首次把人的图像以光和电的形式横跨大洋送到美国观众眼前，他的成就堪与马可尼横跨大西洋传送字母“S”比肩。

——《纽约时报》

前言

世界因他们而精彩

这套“改变世界的巨人”系列丛书精选了来自世界不同国家的科学家，将他们有趣又独特的成长故事娓娓道来。其中，外国科学家 14 位，他们是居里夫人、诺贝尔、瓦特、斯蒂芬森、富尔顿、福特、莱特兄弟、麦克斯韦、马可尼、莫尔斯、贝尔、贝尔德和爱迪生。

居里夫人，这位伟大女性发现的镭为癌症患者带来了福音，减轻了无数人的痛苦。她以自己的天赋和勤奋，在物理学和化学两个领域做出了杰出贡献，成为第一个两次获得诺贝尔奖的人。诺贝尔，这位瑞典化学家、诺贝尔奖的创立者，他一生钟情于研究炸药，却厌恶战争，憧憬和平。他创立的诺贝尔奖成为全世界科学精英们追求的梦想。

瓦特，这个英国工匠的儿子，他发明的蒸汽机带动了工业革命的发展，使世界文明和人类生活发生了很大的改变。“它（蒸汽机）武装了人类，使虚弱无力的双手变得力大无穷。”在瓦特发明的蒸汽机的带动下，矿工出身的斯蒂芬森发明了蒸汽机车，开辟了全球铁路运输事业。自学成才的工程师富尔顿造出了世界上第一艘蒸汽机轮船，为世界航海事业做出了重大贡献。福特，这个农民出身的汽车大王，他的 T 型汽车创造了一个时代的奇迹，正是他“为世界装上了轮子”，使汽车从奢侈品变成大众化的交通工具。莱特兄弟，这两个想征服蓝天的美国大男孩，历尽挫折，紧密合作，最终实现了人类的飞行梦想。因为他们，人类可以乘着火车、汽车、轮船和飞机在陆地上奔驰、在海洋里畅游、在天空中翱翔，人类的生活从此变得便捷。

麦克斯韦，这位与牛顿和爱因斯坦齐名的英国物理学家，创立了电磁学理论，天才地预见了电磁波，为后来无线电的诞生和发展开辟了道路。今天我们能够生活在电磁波的世界中，电视、广播、无线电通信、导航、遥控、遥测、雷达等现代技术的发展都受惠于他的贡献。意大利青年马可尼后来居上，成功用无线电波传递了信息，成为举世闻名的无线电发明家。

莫尔斯，这位美国画家因 41 岁时受科普演讲鼓舞，半路改行研究电报，后来竟创造奇迹，获得成功。他的发明揭开了人类通信史上崭新的一页。有意思的是，追寻着他的足迹，苏格兰青年贝尔发明了电话，使人类“顺风耳”的梦想成真。另一个苏格兰青年贝尔德发明了电视，让“千里眼”也变成现实。

和贝尔同岁的爱迪生，这位家喻户晓的发明大王，他的留声机、电灯、电影放映机等上千项发明为我们留下了宝贵的财富，也正是他的发明，让科学的光辉长驻人间。

这 14 位改变世界的巨人的成才道路和创业经历坎坷曲折，而又多姿多彩。他们的高尚品格和精神风貌带给人们许多启迪。如贝尔发明电话改变了世界，但他却从不以电话发明家自居，一生致力于聋哑儿童的教育。莫尔斯、马可尼、贝尔德都是业余电子爱好者，但是他们敢想敢干，善于吸取前人的经验，最后脱颖而出，取得了重大的发明成果。爱迪生一生从未停止过发明。他的座右铭是："我探求人类需要什么，然后我就迈步向前，努力去把它发明出来。"居里夫人热爱祖国，一生淡泊名利，倾其毕生精力从事放射性研究，并为此献出了宝贵的生命……

我们重温他们的故事，倍感亲切，深受鼓舞。他们那种为人类造福的理想，那种敢于创新的精神，那种不怕失败、百折不挠的毅力，将永远激励后人。可以想象，如果没有他们发明的火车、轮船、汽车、飞机和电报、电话、电灯、无线电、电视，我们生活的世界也不可能像现在这样精彩。让我们向这些改变世界的巨人致敬！

松鹰

莫尔斯生平简历
1791—1872

1791

4 月 27 日，莫尔斯出生于美国马萨诸塞州查尔斯敦的一个书香门第。

1811

20 岁的莫尔斯前往伦敦，拜在名师本杰明 · 韦斯特门下开始学画，成为令人瞩目的青年画家。

1840

莫尔斯在美国专利局申请了电报发明专利，专利号为 1647。

1838

莫尔斯和维尔合作完成了莫尔斯电码的具体编码方案。该方案规定了用特定的点、划和间隔的组合表示不同的英文字母、数字和标点符号，简便实用。

1837

青年技师维尔加盟电报研究，成为莫尔斯的合作伙伴，并同意所有发明都以莫尔斯的名义申报专利。

1815

24 岁的莫尔斯学成回到美国，开始了他的艺术家生涯。

1829

莫尔斯再次到欧洲游学，和欧洲的艺术家们进行艺术交流。在巴黎期间，莫尔斯被选举为美国画家协会主席。这个职位他担任了多年。

1872

4 月 2 日，莫尔斯在纽约去世，享年 80 岁。

1844

5 月 24 日，莫尔斯在华盛顿向巴尔的摩拍发了世界上的第一份电报：“上帝创造了何等的奇迹！”电报实验获得成功。

1832

41 岁的莫尔斯搭乘“萨丽号”邮船返美，在船上被杰克逊的科普演说所打动，决定放弃绘画，开始投身于电学研究。

1836

莫尔斯拜访物理学家约瑟·亨利，在电磁学方面得到了指教。

贝尔生平简历
1847—1922

1847
3月3日，亚历山大·格雷厄姆·贝尔出生在苏格兰的爱丁堡。

1862
10月，贝尔到伦敦和祖父一起生活，从祖父那里学到不少东西。

1876
哈伯德代表贝尔向美国专利局呈交电话专利申请。3月7日，贝尔的电话专利被批准，专利号为174465。3月10日，贝尔通过电话机传送出世界上第一条电话信息："沃森先生，快过来，我需要你！"

1877
贝尔在塞勒姆做长距离通话展示，引起了新闻界的关注。

贝尔电话公司成立。

贝尔与梅布尔喜结良缘。

1890
贝尔发起成立了美国聋人语言教育促进协会，并当选为第一任会长。

1915
1月25日，贝尔建立了第一条横贯北美洲大陆的电话线。

1870

贝尔与父母一起迁居到加拿大。

1873

26 岁的贝尔被聘为波士顿大学教授。15 岁的梅布尔成为贝尔的学生，贝尔开始给她上课，教她发音和说话。贝尔开始进行谐波电报的实验。

1875

在哈伯德和桑德斯的资助下，贝尔雇用托马斯 · 沃森做助手。贝尔做谐波电报实验时，因拨弄“卡住的簧片”偶然有了重大发现。世界上第一部电话原型机问世了。

1918

贝尔研制出一艘水翼艇，打破了水上航行速度的世界纪录。

1922

8 月 2 日，贝尔在加拿大逝世，享年 75 岁。

贝尔德生平简历
1888—1946

1888

8 月 13 日，贝尔德出生在苏格兰格拉斯哥郊区的一个牧师家庭。

1906

中学毕业后，贝尔德考进格拉斯哥和西苏格兰技术学院，学习电气工程。

1929

英国广播公司第一次向全国播放电视节目，采用的是贝尔德的机械式扫描电视，这是世界上最早的电视广播。

1936

贝尔德试制超大屏幕电视机，并开始研制第三代、第四代电视机——彩色电视和立体电视。

1946

6月 14 日，贝尔德因病在英格兰贝克斯希尔去世，年仅 57 岁。

1928

贝尔德电视公司生产出世界上首台面向消费者的商用电视机。

贝尔德利用马可尼发明的无线电，成功地把电视图像从伦敦传送到纽约。

1926

1月 27 日，贝尔德向英国伦敦皇家学会展示了自己发明的电视，并当场进行了表演。

1924

贝尔德发明了机械式扫描电视，第一次成功地传送了十字花图案。

1925

10月2日，贝尔德用机械式扫描电视传送了一张活生生的人脸。

Contents 目录

引言

说起电为人类服务的历史，电报算是最早的了。电报是改变人类文明的伟大发明之一。在电话普及之前，它肩负着帮助世人交流的重大使命。人类通过电报第一次可以快捷、方便、高效地远距离传递信息。有趣的是，发明电报的人不是物理学家，也不是工程师，而是一位画家，他的名字叫塞缪尔·莫尔斯。一个搞美术的，竟成为有线电通信的开创者，这好像有些不可思议。说起来，其中还有一段故事呢！

第一章 | 画家的梦想

在“萨丽号”上

1832 年 10 月 1 日，一艘名叫“萨丽号”的邮船满载旅客和邮件，从法国北部的勒阿弗尔港起航，驶向纽约。“萨丽号”邮船缓缓驶出塞纳湾，进入英吉利海峡。途中，邮船遇到了风暴的袭击，在大浪中颠簸不已。许多人都晕船，乘坐这艘船的美国著名画家莫尔斯，也觉得浑身难受。

“遇到风浪时，有没有办法可以不晕船？”莫尔斯问船长。“没有办法！”船长说，“刚上船时，95% 的乘客都会晕船，我见得多了，过一段时间就能适应了。”“我看水手们好像都不晕船。”莫尔斯说。“那是锻炼出来的。”船长笑起来，“大约有百分之二三的人从来都不会晕船，还有百分之二三的人却永远无法适应。”“恐怕这两个‘百分之二三’都不包括我。”莫尔斯俏皮地说。听了船长的一席话，他感觉似乎好受一些了。

莫尔斯并不知道，同一时间，23 岁的英国小伙子达尔文正乘着“贝格尔号”军舰沿着南美洲东海岸考察。刚上舰时，达尔文也是严重晕船，胃里翻江倒海，呕吐不止。他强忍着痛苦，干了一会儿活儿，就对同伴说：“老伙计，我必须躺下了。”饿了他只能吃块饼干和几粒葡萄干。但是这次乘“贝格尔号”

军舰航行的经历改变了达尔文的一生——他后来写成了石破天惊的《物种起源》，创立了“进化论”学说，改变了人类对世界的看法。

莫尔斯这次乘坐“萨丽号”邮船的航行，意义堪比达尔文的考察旅行，这次航行同样改变了莫尔斯的人生轨迹。就在这次旅途中，莫尔斯结识了查尔斯·杰克逊。杰克逊是一位充满活力的美国年轻医生，他的一场关于电磁感应的科普演说，让画家莫尔斯大开眼界。

“萨丽号”邮船驶入浩瀚的大西洋后，天气好转起来。邮船破浪前进，船尾上空海鸥在追逐飞翔。这种远航大多是枯燥乏味的。旅客们或是聊天、下棋，或是在甲板上眺望无边的大海，以消磨时光。第二天傍晚，旅客们正在餐厅里准备进餐，忽然被一名年轻旅客的演说吸引住了。这位青年戴着一副细框眼镜，模样很斯文，但演说起来却滔滔不绝，颇具雄辩家的风采。他的名字叫查尔斯·杰克逊，刚从欧洲留学回来，准备回波士顿行医。他所学的专业虽然是医学，但是他对电学研究有着浓厚的兴趣。一年前，英国大科学家法拉第发现了电磁感应，接着美国科学家亨利改进了电磁铁，人们对电磁现象都觉得新奇。

杰克逊在餐桌上向大家展示了电磁铁的新装置。这是一个上面绕着绝缘铜线的马蹄形铁块，看上去黑乎乎的。当铜线接上电池通电的时候，马蹄形铁块就产生了磁性，能把不锈钢勺子牢牢地吸住。

杰克逊用孩子般的热情滔滔不绝地解说着。

“各位！”他说，“请记住，我们快要能够利用一种无限的力量了。最近有实验表明，绕在铁芯周围的导线越多，磁铁的吸力就越强。有人已经证明，电能够神速地通过一段导线，不管这段导线有多长。科学就要创造出改变我们生活的电的奇迹啦！”

杰克逊的话不时被打断，餐厅里响起一阵阵欢呼和热烈的讨论，人们都为这种神奇的幻想所陶醉。最后，演说家被大家抬了起来。谁也没有注意到，听众中有一位皮肤黝黑的中年男子，一言不发地望着讲台，两眼闪烁着异样的光芒。夕阳映照在他的脸上，像火在燃烧，他的心也在燃烧。他就是我们的主人公——塞缪尔·莫尔斯。

杰克逊的演说结束后，莫尔斯兴致勃勃地和杰克逊聊起来。“我是塞缪尔·莫尔斯，美国画家。”他自我介绍说。“是塞缪尔·莫尔斯先生！”杰克逊听到他的名字，不禁肃然起敬，“我在巴黎画展上观赏过您画的《罗浮宫画廊》，它棒极了！”

《罗浮宫画廊》是莫尔斯的一幅名作，画的是罗浮宫里琳琅满目的美术珍藏，构图宏大，色调柔和。这幅画为莫尔斯赢得了很大的荣誉。

“徒有虚名，”莫尔斯客气地说，“你刚才的演说才真是棒极了。”杰克逊听到莫尔斯的夸奖，愉快地笑了。“你是电学博士吧？”莫尔斯问他。“不，我是学医的，”杰克逊回答，“电学只是我的爱好。”

杰克逊是美国马萨诸塞州人，生于1805年，比莫尔斯小14岁。他24岁获得哈佛大学医学博士学位，之后到欧洲留学，在巴黎大学继续学医，又在皇家矿业学院攻读地质学。杰克逊的兴趣广泛，尤其热衷于化学和矿物学，对新锐的电学也颇为关注。在法国留学的3年，他结识了不少科学家。一年前他在欧洲进行了一次科学旅行，亲眼见识了电学上的一些新奇发现，预感这门学科将大有作为。现在他学成归国，准备回马萨诸塞州的波士顿行医。

“电真的能够神速地通过导线吗？”莫尔斯问杰克逊。他的神情凝重，这个问题的背后似乎隐含着一个重大的决定。“千真万确。”杰克逊说。

接着，他给莫尔斯讲了一件发生在巴黎的趣事。那是在

1748年春天，有一位名叫诺莱特的法国人，给法国国王路易十五和皇室成员进行了一场颇为搞笑的电学表演。诺莱特是位神职人员，也是一位物理学家，生性幽默。他让700名修道士在巴黎圣母院外面手拉手排成一排，队伍长达900英尺（1英尺相当于0.3米，后同）。然后，诺莱特让队首的修道士用手握住蓄电的莱顿瓶，让队尾的修道士用手握住莱顿瓶的引线，就在接触的一刹那，700名修道士因受到电击同时惊叫着跳了起来。当时在场的人无不目瞪口呆！诺莱特却大笑不止。

杰克逊总结说："每个修道士的反应几乎发生在同一时间，这表明电传递的速度是非常快的。""这真是太神奇了！"莫尔斯仿佛看见了一个奇妙无比的新天地。

莫尔斯完全被杰克逊口中的电迷住了，连续几个晚上他都失眠了。他联想到自己见过的托架式信号机，每次只能凭视力所及传递几英里（1英里相当于1.6千米，后同）远而已。

莫尔斯想："电传递的速度那么快，能够在一瞬间传到千里之外，加上电磁铁在有电和没电时能做出不同的反应。利用电的这些特性不就可以较快、较远地传递信息了吗？"

一连几天，莫尔斯坐卧不安，他的思绪完全被神奇的电所占据。几天后，邮船到达了目的地，旅客们相互挥手告别，有关电磁铁的议论不过是他们记忆中的一朵浪花罢了。

可是，莫尔斯却好像变了一个人。

在船靠近码头的时候，他忽然对船长说：“先生，不久你就可以见到神奇的电报啦！请记住，它是在你的‘萨丽号’上发明的！”他提着画箱走下邮船，步履坚定，神情庄重。杰克逊那天傍晚的一席话改变了莫尔斯的一生。41 岁的莫尔斯决定放弃绘画事业，转而发明用电传递信息的方法——电报。从此以后，写生画、肖像画不再是莫尔斯的主要兴趣。他告别了艺术，投身于科学领域。他在写生本上端端正正地写下了“电报”这个词，立志要完成用电传递信息的伟大使命。

在码头上，莫尔斯与杰克逊握手告别。“噢，年轻人，谢谢你的电磁演说，让我获得了灵感。”“祝您创作出伟大的杰作！”杰克逊由衷地说。

杰克逊回到波士顿后开了一家私人诊所。他只当了几年医生，随后改行研究化学和地质勘探，后来成为博学的化学家、矿物学家和地质学家。在医学上他也有所建树，他对用乙醚作麻醉剂的发明有重要贡献。这一发明减轻了成千上万病人做手术时的痛苦。

莫尔斯却从此走上了发明电报的崎岖道路。

画家生涯

莫尔斯于1791年4月27日出生在马萨诸塞州查尔斯敦（现为波士顿的一部分）的一个书香门第，其父亲是一位受人尊敬的神父，知识渊博，他所著的地理学教材深受学生欢迎，被誉为美国的“地理学之父”。莫尔斯的祖父也是一位博学的人，曾任普林斯顿学院院长。

莫尔斯在少年时就显露出惊人的绘画才能。14岁时，他画了一幅很出色的家庭聚会水彩画。在画面正中，莫尔斯的父亲指着地球仪给全家人讲地理知识。站立的3个年轻人，是莫尔斯三兄弟。坐在左边戴帽子的女士，是莫尔斯的母亲。整幅作品色调淡雅，构图温馨。此后，莫尔斯又画了一幅名为《漂泊的父老》的油画，题材为美国首批移民在海岸登陆的场景。这幅画后来被悬挂在查尔斯敦市政厅里。

莫尔斯读完中学后，被父亲送到耶鲁大学学习。耶鲁大学坐落在康涅狄格州纽黑文市，是美国历史上建立的第三所大学，与哈佛大学、普林斯顿大学齐名。耶鲁大学很注重培养学生的人文主义精神，耶鲁大学的校徽上镌刻着“光明与真理”这几个字。在美国历史上，目前至少有5位总统毕业于耶鲁大学，其中包括乔治·布什和小布什，还有比尔·克林顿，耶鲁大学因此有“总统摇篮”之称。莫尔斯在耶鲁大学攻读的是宗教哲学和数学，他的学业完成得不错，但他更迷恋绘画，尤其喜欢画肖像。

1810 年，莫尔斯以优异的成绩从耶鲁大学毕业。父亲很希望他有个稳定的工作，并在神学上有所成就，但莫尔斯却一心想成为艺术家。

父亲教训他说：“儿子，要知道艺术家和贫穷往往是同义词哟。”

莫尔斯回答道：“我宁愿做一个安贫乐道的画家，也不愿做‘脑满肠肥’的神父。”说这话时，莫尔斯颇有点口吐豪言的感觉。到后来他真的成了艺术家，才品尝到了贫穷的滋味。

有一位名叫奥尔斯顿的美国画家很赏识莫尔斯的作品，他看了《漂泊的父老》，对莫尔斯赞不绝口。1811 年，在奥尔斯顿的建议下，父亲送 20 岁的莫尔斯前往欧洲，拜在名师本杰明·韦斯特门下学画。本杰明·韦斯特是英国皇家艺术学院的院长，也是个美国人，与美国早期杰出的政治家、科学家富兰克林是朋友，曾为富兰克林画过肖像。后来他旅居英国，被乔治三世任命为宫廷画师，还帮助创建了英国皇家艺术学院，两次被选为院长。莫尔斯到伦敦不久就被英国皇家艺术学院录取。本杰明·韦斯特很喜欢这位来自美国的年轻艺术家。在他的悉心指导下，莫尔斯的绘画技艺有了很大提高。这位院长对新古典主义艺术充满浓厚的兴趣，尤其欣赏米开朗琪罗和拉斐尔。受其影响，莫尔斯创作了一幅《垂死的赫拉克勒斯》。在伦敦美术馆展出时，这幅油画引起了人们的关注，莫尔斯因此获得了第一枚金质奖章，名声大噪。

莫尔斯在伦敦留学 4 年，成了令人瞩目的青年画家。他在艺术圈结交了许多朋友，其中有知名画家，也有时尚诗人。不过，他的生活一直很清苦。由于家庭并不富有，父亲给他的留学经费有限，莫尔斯只能节衣缩食，靠教学生画素描挣点外快，有时也收取佣金给大人物画肖像。这时，莫尔斯才体会到艺术家的名声并不能当饭吃。他在给父亲的一封信中诉说自己的困窘："我不得不放弃一些必需的花费，否则我就没有足够的钱来雇模特、参观画廊和买收藏品了……我喝的常常只有水，一年到头穿的都是同一件衣服，靴子底被磨穿了，帽子已经褪成了红褐色……不过，我的钱凑合着还够用，请家里放心……"

除了生活清苦，莫尔斯还得忍受思乡之苦。他在家信里写道："我多么期盼这封信能快点寄到你们手里，好让母亲大人知道我的近况安好。要是我能顷刻之间把消息传给你们就好了！可是，伦敦和波士顿相距3000英里，得过好几个星期你们才能知道我的消息……”

有人说，也许正是这种强烈的思乡情结，使莫尔斯萌生了发明电报的想法。

1815年，24岁的莫尔斯回到美国，开始了他的艺术家生涯。他的美术作品经常在画展上亮相，获得人们的赞赏。莫尔斯后来迁居纽约，在那里建立了一所国立设计学院，并担任首任院长。纽约市向他订购了一幅大型油画——《美国国会大厅》。这幅画气势恢宏，非常出色，是莫尔斯的代表作之一。1829年，莫尔斯再次到欧洲游学，与欧洲的艺术家们进行艺术交流，相互切磋。那幅被杰克逊称颂的《罗浮宫画廊》，就是莫尔斯在巴黎构思出来的。这幅画后来被大收藏家丹尼尔·特拉收藏，成为芝加哥特拉基金会总部博物馆的镇馆之宝。在巴黎期间，莫尔斯被选举为美国画家协会主席。这个职位他担任了多年。

1832年，莫尔斯搭乘“萨丽号”邮船返美时，已是一名享有盛誉的美国画家了。莫尔斯本可沿着铺着红地毯的艺术之路，获得更多的鲜花和荣誉，但他毅然决定半路出家，投身于电学这个新兴的陌生领域，冒着失败的风险，研究利用神奇的电来传递消息的方法——这是何等远大的志向！又需要何等的勇气！

前人的探索

在电报发明以前，人类的通信方式仅限于烽火台、驿站、飞鸽传书、旗语这几种，都比较原始。

在我国，早在商周时期人们就用烽火台来传递军情。若有敌人侵犯，白天燃烟，夜间点火，以发出报警信号。一个个遥遥相望的烽火台作为传播站相继点起烽火，警报可以传到几百千米外的地方。大家熟悉的“烽火戏诸侯”，讲的就是周幽王为博美人褒姒一笑，点燃烽火台而戏弄诸侯。最终这个只爱美人不爱江山的周幽王成了亡国之君，遗恨千古。

驿站也是我国古代为传递公文、军事情报而设立的通信机构，最初设传车，后改为驿马。间隔一定距离设立，专供传递文书者或来往官吏中途住宿、补给、换马的处所，称为驿站。成书于西汉时期的《礼记》中有“驿传车马，所以供急遽之令”的记载，唐代诗人岑参有“寒驿远如点”的诗句。驿马体力强健，善于奔跑，日行可达六百里，为我国古代的信息传递立下了汗马功劳。1995 年我国发行的《古代驿站》纪念邮票，图案为两处明代的驿站遗址：一是孟城驿，在江苏高邮古城南门外，是一处水马驿站；另一处是鸡鸣驿，在河北怀来，是我国现存的保护最好、规模最大、功能最全的古驿站。

飞鸽传书的历史也很悠久。古罗马人很早就知道鸽子具有归巢的本能。在重大体育竞赛结束时，他们通常放飞鸽子传递获胜的消息。古埃及的渔民，每次出海捕鱼时都会带鸽子，为的是传递求救信号和鱼汛消息。相传我国古代楚汉相争时，被项羽追击而藏身废井中的刘邦，就是因为放出了一只求援的鸽子而获救。据史料记载，张骞、班超出使西域时，也是利用鸽子来传递信息的。五代后周的王仁裕在《开元天宝遗事》一书中专门设有“传书鸽”章节，记载有：“张九龄少年时，家养群鸽，每与亲知书信往来，只以书系鸽足上，依所教之处，飞往投之，九龄目之为飞奴。”可见我国唐代就已普遍利用鸽子传递书信了。到了近代，人类对鸽子的利用更为广泛，甚至在战火硝烟中也能见到飞鸽的身影。据说1815年6月18日著名的滑铁卢战役的战果，就是由信鸽传递给罗斯柴尔德的。

旗语是海上最古老的通信方式，它起源于西方的航海时代，那时舰船之间就用旗语进行联络。信号手两手各持一面旗子，站在舷边的突出部位，通过把旗子举到不同的位置，表示不同的字母和符号。例如：左手垂直举起，右手向下斜方伸出表示字母“K”；右手垂直举起，左手向下斜方伸出表示字母“V”；

两手平行伸出表示字母“R”。将几个字母组成一个字，若干个字组成词语，就能传递信息了。直到现在，旗语仍是世界各国海军通用的语言。舰船上悬挂着各种信号旗，不同的旗子、不同的旗组代表着不同的意思。

1793 年，法国的查佩兄弟在巴黎至里尔之间架设了一条 230 千米长的以接力方式传送信息的托架式线路。这是一种由 18 个信号塔组成的通信系统，每个信号塔安装一个托架信号机。信号机由一个木制横梁和两臂组成，信号员在下边通过绳子和滑轮操纵横梁和两臂，可产生 192 个不同的形态，用于表示字母、单词或完整的词组。相距十多千米远的另一个信号塔，用望远镜观察前一个信号塔的形态来接收传递的信息。这与旗语通信有些相似，不过这种信号机的托架尺寸比旗语使用的小旗大得多，因此通信距离更远，而且可以实现接力传递。当时法国和奥地利正在作战，通过这种信号系统仅用了一个小时就把法军从奥军手中夺取埃斯科河畔孔代的胜利消息传到了巴黎。此后，比利时、荷兰、意大利、德国、俄国等也先后建立了这样的通信系统。据说查佩兄弟是第一个使用“电报”这个词的人，尽管他们的装置和电并没有关系。

烽火台、驿站、飞鸽、旗语，这些传统的通信方式存在很大的局限性。烽火台和旗语靠视觉传递信息，受能见度的影响；驿马和飞鸽传信，载体是动物，速度再快也有限度。而且这些手段传递的信息比较单一，信息量小。

正是出于这个原因，在人类对电的奥秘有所认识后，许多人开始梦想利用神奇的电来传递信息。翻开电子科学技术史就可以看到，在莫尔斯之前，已有许多先驱者在这条路上进行探索。

早在 1753 年，就有科学家试图用电来实现通信。当时伏打电池还没有发明，科学家只能借助于静电感应。静电感应可以吸起草芥、纸屑这样的轻薄物体。一个名叫摩立逊的英国人突发奇想，利用静电的这一特性，在发报端与收报端之间连接了 26 根金属导线，每根导线的末端都挂着一个金属小球，每个球下面又挂着分别写有字母的小纸片。当发报端的人用静电机依次连接导线时，导线另一端的纸片就会被吸起来，收报端的人按照纸片被吸起的顺序拼成词语，以此来传递信息。这大概就是最早的有关电报工程的设计，可是因为这种方法太过原始，用静电感应传递信息的距离不远，所以始终没能实现电报传递。

继摩立逊之后，不少学者提出了其他方法，也做过多种实验，有的用单线取代 26 根导线，有的用木球代替金属球，但是经过 40 多年的努力，始终没有一个人能造出实用的静电电报机。

1800 年，在生物学家伽伐尼解剖蛙腿实验的启发下，意大利人伏打发明了伏打电堆，也就是电池组。伽伐尼和伏打是朋友。1786 年，伽伐尼在做实验时，把一只解剖了的青蛙倒挂在铁栏的黄铜钩上，竟意外地发现青蛙的两条腿突然颤抖了一下。这就是著名的“伽伐尼效应”。伽伐尼本人未能正确解释蛙腿颤抖的原因，他认为是“动物电”，伏打却不同意他的解释。这位 41 岁的电学家经过深入研究，揭开了蛙腿颤抖的原因：两种不同的金属与水（伽伐尼实验中的铁栏、黄铜钩和蛙腿湿润的肌肉）相互接触，可产生一种电流，这种电流刺激了蛙腿的神经，因而引起蛙腿的颤抖。根据这一原理，伏打于 1800 年发明了世界上第一个电池，即伏打电堆。他把若干个银圆片、锌圆片和用电解液浸湿的硬纸圆片依次叠加在一起，组成一个电堆，由于两种不同金属和纸片中的电解液发生化学作用，进而产生了连续的电流。伏打的发明宣布了静电时代的结束，人们终于获得了连续不断的电流！

“用电传递信息”的理想之火又重新燃烧起来。

1820 年 4 月，丹麦物理学家奥斯特发现了电流能够使磁针转动的现象。一天，奥斯特在课堂上做了一次即兴实验。他把一根很细的铂丝与伏打电堆相连，细铂丝下搁着一根用玻璃罩罩着的磁针，磁针的方向与细铂丝平行。当着许多学生的面，奥斯特接通了电源。在接通的一刹那，他发现磁针摆动了一下！奥斯特竟激动得在讲台上摔了一跤。因为他知道，这是人类第一次发现了电和磁的关系！

这个近代电磁学上的重大发现给电报的实现带来了希望。1822 年，法国电学大师安培就提出可以用电磁效应来传递消息的想法。杰克逊在“萨丽号”上宣传的实际上就是安培的思想。在这 10 年时间里，人们进行了大量探索，却没有找到一种既有效又实用的方法，连不少有经验的电学专家都感到问题很棘手。

莫尔斯就是在这种背景下“投笔从戎”，参加这场攻坚战的。一个从来没有接受过科学训练，也没有研究过电磁学的画家，而且已经年过 40，居然要改行攀登这座还没有人征服的高峰。显而易见，莫尔斯要完成的使命是非常艰巨的。

第二章 | 攀登高峰

向亨利求教

莫尔斯回到美国后，就一头扎进电报机的研究中。莫尔斯遇到的最大困难，是他对电和磁几乎一无所知，但是他一点也不动摇，决心从头学起。一个朋友告诉他，纽约大学的伦纳德教授对电磁学很有研究，莫尔斯便登门拜访伦纳德教授。

伦纳德教授戴着一副小眼镜，头发微卷，颇有学者风度。他在大学里是教化学的，电磁学只是他的兴趣爱好。教授为人豁达，听说莫尔斯是位画家，很是客气。

“您是一位艺术家，为什么对枯燥的电磁学感兴趣啊？”

莫尔斯说起了在“萨丽号”上发生的事。

“我觉得电磁学里一定隐藏着很多奥妙，掌握了它就能为人类造福。”

“那你需要了解什么？”伦纳德教授被莫尔斯的执着打动了。

“电磁学的基本概念、最简单的原理，还有电池怎么制作、电磁铁的特性……这些我都想了解。”莫尔斯急切地说。

教授笑了。因为莫尔斯想了解的这些东西，都是电磁学的入门内容。

教授告诉莫尔斯，这些并不难，只要肯下功夫都能掌握。他选了几本入门的书推荐给莫尔斯，并欢迎莫尔斯随时来找他。

在伦纳德教授的帮助下，经过半年的刻苦学习，莫尔斯初步掌握了电磁学的原理和一些简单的实验操作，包括自制伏打电池、绕制电磁铁等。

伦纳德教授还推荐了一篇亨利写的关于电磁铁的文章给莫尔斯，说很值得一读。这是莫尔斯第一次听说亨利的大名。

亨利全名约瑟·亨利，是以电感单位“亨利”留名的美国大物理学家，他在电学史上与法拉第、安培齐名。他被认为是继富兰克林之后美国最伟大的科学家之一，他对电磁学的发展贡献卓著。亨利和法拉第都发现了电磁感应现象。事实上，他与法拉第大约同时发现了这一现象，只是没有及时发表罢了。亨利还发明了摆动式直流电动机、继电器。亨利 1797 年出生于纽约州奥尔巴尼一个贫穷的家庭，13 岁失学，到钟表店当学徒。他自幼好学，喜欢读书。据说有一次在乡间玩耍时，他看见一只野兔就拼命去追，野兔把他引到一个洞口，他好奇地顺着这个洞口爬了进去，像《天方夜谭》里的故事一样，亨利发现了一座“宝库”。原来这个洞口直通一座教堂的藏书室，木架上摆满了精美的图书，他被深深地吸引住了。从此，他一有空就躲进教堂，阅读各种书籍，从中获得了很多知识。

通过刻苦自学，亨利掌握了中学的各科知识，22 岁时考进奥尔巴尼学院深造，毕业后留校任教，开始进行电学实验。1827 年，亨利用绝缘的纱包铜线在一根铁芯上绕了两层，然后给铜线通电，发现仅重 3 千克的铁芯竟然吸起了 300 千克重的铁块，远远超过了一般的天然磁铁的吸引力。电转变为磁能产生如此巨大的力量，这使亨利非常兴奋，鼓舞着他继续对电磁现象进行研究。

1831 年，亨利在杂志上发表文章，详细地介绍了自己用电磁铁进行实验的结果。伦纳德教授推荐给莫尔斯的，就是这篇文章。莫尔斯读了亨利的文章，受到了很大的启发。

莫尔斯买来各种电工器材和工具，在家里夜以继日地干起活来。从前的小画室变成了实验室，到处都是线圈、磁石和导线，他的写生本上也涂满了各式各样的方案和草图。莫尔斯的全部生活和希望都凝聚在这个小小的实验室里。

夜幕笼罩城市时，只有他的实验室里的灯火常常彻夜不熄。冬尽春来，秋去冬至，他画了一张又一张草图，进行了一个又一个实验，但是每次都以失败告终。

3 年时间过去了，莫尔斯的积蓄几乎全部花光了。1835 年底，莫尔斯终于造出一台原型电报机。这台电报机由电磁铁、电池、导线、齿轮和木支架组成，相当笨重，看上去一点儿也不像后来投入使用的电报机，但它却是世界上第一台原型电报机。它的结构如下：在发送端，先把凸凹不平的字母版排列起来，然后摇动手柄让字母版慢慢触动开关，不连续的电流信号通过导线传到接收端，再通过电磁铁牵动与铅笔相连的摆尖，铅笔会在移动的纸带上画出波状的线条，经译码翻译便可将其还原成电文。莫尔斯的这台原型电报机，传递距离只有 2~3 米。如果收发两端距离超过 3 米，机器就会失灵，完全不能使用。莫尔斯努力尝试了各种方法来解决距离问题，都没有成功。

这位业余发明家的生活也到了山穷水尽的地步。他在给朋友的信里写道："我被生活压得喘不过气来！我的每一双长袜都破烂不堪，帽子也陈旧过时了。"

1836 年，为了生计，莫尔斯不得不重操旧业，接受了纽约大学的美术教授一职。他又回到艺术领域，不是休息，也不是退缩，而是为了生活，以便继续进行发明电报的实验。受挫的发明家重新拿起画笔，不禁感慨万千。4 年前在"萨丽号"上听演说的情景，一次又一次的努力和失败，像潮水般涌现在莫尔斯的眼前。

莫尔斯挥笔画了一幅油画，画的下方是波涛汹涌的大海，一群在暴风里搏击的信鸽布满了整个天空。他觉得，自己就是一只信鸽，正在逆风飞翔。莫尔斯念念不忘的还是用电进行通信，是人类多少年来没有实现的梦想。

在彷徨的时候，莫尔斯想到了亨利，他决定向这位电学大师当面求教。

亨利于 1832 年被新泽西学院（现为普林斯顿大学）聘为物理学教授。这所名校地处纽约和费城之间，校园内有很多城堡式的建筑，风光秀丽。亨利到新泽西学院后，在教学之余继续对电磁学进行研究，取得了很多成果。他首先发现了著名的自感应原理，后来设计制造了一台摆动式直流电动机。他还通过实验发现在一定的距离外可以感应到电流，这实际上是发现了电波的存在和传播，比赫兹的电磁波实验早了 50 多年，只不过当时的科学界还没有意识到这个实验的重要性。

1836 年 7 月的一天，莫尔斯风尘仆仆地赶到新泽西学院，登门拜访亨利。

亨利年近 40 岁，额头宽大，和蔼温和，颇富书卷气，挺拔的鹰钩鼻，给人一种强有力的印象。对纽约大学美术教授的突然来访，亨利起初感到有些意外。但当两人在客厅坐下，交

谈起来后却一见如故。莫尔斯说起几年前拜读过亨利关于电磁铁的文章，大受裨益。

“我今天是特地来请教的。”莫尔斯说明了来意。

“哦，您太客气了。”亨利心想，电磁铁这玩意儿真的有趣，连画家也迷上了。

莫尔斯比亨利年长6岁，但在物理学教授亨利面前，画家莫尔斯却像个小学生一样，毕恭毕敬地谈起自己研制电报机的经历和甘苦，希望能得到亨利的指点。莫尔斯面孔消瘦，目光炯炯有神，举止间有一种艺术家的风度，谈吐中却透着发明家的狂热和执着。

亨利把自己进行电磁研究的经验和体会，原原本本地向莫尔斯进行了一番介绍。在学术探讨上毫无保留，这是亨利的一贯作风。

亨利说，几年前他曾在短距离内成功地实现了用电磁铁传递信息。

亨利告诉莫尔斯，1829年自己在奥尔巴尼学院改进电磁铁时，想到通过电流的通断，可以利用电磁铁把一些信息传递出去。电流接通时会使电磁铁的磁性增强，如果事先做出一些约定，就能传递信号。实际上，这个设想就是电报的雏形。

1831年，亨利在奥尔巴尼学院的办公室和家之间拉了两根电线，在家里摆放了一个联在回路中的电磁铁，办公室那一头接上电池和电键。当他按下电键，电路被接通，家里的电磁铁就产生吸力，吸起一个小铁锤去敲响铜铃，铜铃发出悦耳的声响。他和爱人自编了一套联络信号：铜铃敲响1下，表示晚上准时回家；铜铃敲响2下，表示有事耽误回不来；铜铃敲响3下，表示晚上有客人来访，准备点好吃的。亨利发明的用电磁铁传递信息的办法，正是原始的电报。这实际上是“电磁音响式电报机”的最早模型，并且他的办公室和家相距1.6千米。不过亨利的这个发明只是自娱自乐，他压根儿没有给这种装置取名字，也没有申请专利。亨利从他的发明中得到的好处是：每天回家时，妻子早就把可口的饭菜摆在桌子上了。

亨利的发明让莫尔斯大开眼界，1.6千米的通信距离令他羡慕不已。莫尔斯想不通，为什么自己的电报机只能将信号传递几米远。

莫尔斯拿出自己设计的模型图向亨利求教。亨利仔细看了莫尔斯的设计图，略加思索，给他提了3条建议：第一，把电磁铁换成用绝缘导线的强力电磁铁，这样能提高接收信号的强度；第二，用继电器把每个备用电池的线路串联起来，电流可以经过很长距离而不变弱；第三，电路中的一条导线可用地线代替，而不需要两条往返导线。

亨利的指教给了莫尔斯莫大的启发。莫尔斯回到纽约，立即着手对电报机进行改进。经过反复实验，不断调整，改进后的电报机传递信号的距离增大了不少。

这个初步的成功使莫尔斯备受鼓舞，大大增强了他用神奇的电来传递消息的信心。但是要进一步研制能投入使用的电报机，需要投入大量人力、物力和财力。莫尔斯苦于缺乏资金和技术支持，他四处游说，寻求企业和财团的帮助。但是大亨们对画家的电报梦都不感兴趣，认为这不过是艺术家的异想天开。

维尔加盟

1837年9月的一个周末，机遇意外降临。

伦纳德教授邀请莫尔斯在纽约大学的礼堂展示他的原型电报机，目的是向学生们进行科普宣传。海报贴出后，反响很强烈，来听讲座的学生非常多。莫尔斯站在讲台上，兴致勃勃地向大家讲解电报的原理，他一边解说，一边做演示。伦纳德教授笑眯眯地在一旁给他当帮手。大家围着莫尔斯的原型电报机，像看魔术一样惊奇。

莫尔斯说："我的这个电报机由电磁铁、电池、开关组成，收发报机用导线连接，齿轮是用来操控导线的。发报机上的这块凹凸不平的字母版，就是我们要传递的信息。现在，请伦纳德教授为我们演示发报……"

只见伦纳德教授蹲下来，小心地摇动手柄。这时，长条形字母版慢慢触动开关，时断时续的电流信号通过导线传到接收机上，电磁铁牵动着一个连着铅笔的摆尖摆动起来，铅笔在移动的纸带上画出了波状的线条！参观者都吃惊得瞪大了眼睛，人群里不断发出赞叹声。大家七嘴八舌地议论起来，场面很热闹。只有一个模样斯文、仪表堂堂的青年，目不转睛地盯着电报机，一声不吭，脸上露出一副心驰神往的神情。他的名字叫维尔，是偶然看到海报前来听讲座的。

“这东西看上去像匹高头木马，没想到操作起来还挺灵活。”一个戴眼镜的学生说。

“是呀！挺好玩的。”另一个小胖子直点头。在他的眼里，这个东西只是个科学玩具。

“听说莫尔斯教授是教美术的。”戴眼镜的学生悄悄地说。

“哈哈，怪不得这机器的木架子像一个画架。”有人插嘴。

大家哄笑起来。

伦纳德教授正色道：“同学们，你们看见的是莫尔斯教授的一项伟大发明！这里展示的还只是模型样机，一旦它开发成功、投入使用，人类用电来传递信息的梦想就能成真了！”

“真有这么神奇吗？”大家被镇住了。

“没有关系，欢迎同学们评点。”莫尔斯并不介意。

讲座结束后，那个叫维尔的年轻人找到莫尔斯说：“莫尔斯教授，我能和您谈谈吗？”

“哦，可以。什么事？”莫尔斯很爽快。

“我叫阿尔弗雷德·维尔，是纽约大学的毕业生。”

“啊，幸会。”莫尔斯说。

“我能加入您的电报研究，成为合伙人吗？”维尔开门见山，毛遂自荐。他语气急切，目光殷切，唯恐莫尔斯拒绝自己。

“你有什么专长？”莫尔斯随意问道。

“我在家父的炼铁厂做技师，我懂机械，可以协助您改进机器。我还能动员家父出面，为电报机的研发筹集资金。”维尔一口气说道。

莫尔斯一听，不禁对他刮目相看。维尔所说的这些条件，对莫尔斯有极大的吸引力。

“你的父亲大人是哪一位？”莫尔斯饶有兴趣地问道。

“家父名叫史蒂芬·维尔，是斯皮德韦尔炼铁厂的老板。”

“哦，斯皮德韦尔炼铁厂，很有名的。”站在一旁的伦纳德教授不禁脱口而出。

“唔，欢迎你加盟。”莫尔斯当即表态，同意接纳维尔为合作伙伴。维尔听后兴奋不已，满脸通红，高兴得像个大孩子。能加入电报的发明研究行列，他觉得自己的人生价值得到了体现。

不过，老练的莫尔斯教授提出了一个条件——包括维尔参与的所有发明都以莫尔斯的名义申报专利，敦厚的维尔一口就答应了。据资料记载，1837 年 9 月 23 日，维尔和莫尔斯签订了一个具体的协议，承诺有关电报机的一切发明均以莫尔斯的名义面世。

莫尔斯当初开出这个条件，也无可非议。他并不知道维尔有多大本事，只不过事先认定自己是这个研究项目的法定代表。谁曾想，后来维尔充分展现了其设计才能，并为电报发明做出了关键性贡献——这时人们才发觉维尔吃了大亏。当然，这是后话。

阿尔弗雷德·维尔是新泽西州人，1807 年 9 月 25 日出生，遇到莫尔斯时正当而立之年。他比莫尔斯小 16 岁，充满活力和创造力，又有机械专业的知识，再加上企业家父亲的财力资源，维尔的加盟对莫尔斯来说真是如虎添翼。

维尔当即对莫尔斯表示，他可以利用父亲工厂的条件，制造出实用的电报机样机；他还能说服父亲，资助莫尔斯在美国和其他国家申请电报机专利。维尔提供的这些正是莫尔斯求之不得的。

莫尔斯心想：“也许是上帝派维尔来襄助我的！”

维尔满怀热情地投入电报机的改进中。他和年轻的助手巴克特斯在斯皮德韦尔炼铁厂里，夜以继日地研究试制能够投入使用的电报机。这个炼铁厂位于新泽西州的莫里斯镇，后来成了当地的历史性地标和名胜。巴克特斯后来回忆说："维尔先生埋头苦干，为人谦虚，不事张扬。而莫尔斯教授是一位强势人物，他坚信自己的计划和方法的优越性。虽然他的机械专业知识有限，不过我们对教授都很尊重。教授的第一台原型电报机，其实只是一个电报机的模型。"

维尔发现莫尔斯的原型电报机存在着明显的不足，它是木制的，支架太大，机器不紧凑，只适合用来做演示，要投入使用是不可能的。维尔开动脑筋，换掉了原来的木支架，采用全金属支架。这样一来，新的样机就变得紧凑了，操作起来更方便，但与投入使用之间还存在着不小的距离。

莫尔斯和维尔用改进后的样机反复进行实验，都没有取得预期的效果。

突破

失败并没有使莫尔斯气馁，相反，他变得冷静了。用导线传递信息难道不可能吗？不，经过近 5 年的实践，他更加坚信杰克逊的话是能够实现的。那么失败的原因在哪里呢？莫尔斯苦苦思索着。他反思了自己的设计思路，认真地检查了所有的实验器材。莫尔斯逐渐意识到，自己的原型电报机是通过凹凸不平的字母版来转换信息的。不同的信息需要不同的字母版，更换字母版的工作量极大，实际使用起来很困难。这种模式从根本上决定了电报实验难以成功。

无数个不眠之夜过去了，莫尔斯终于找到了问题的症结：踩着别人的脚印是不能走到前面的，必须寻找一条新路！经过反复思考，一个崭新的想法在他的头脑中酝酿成熟了。

一天，莫尔斯到斯皮德韦尔炼铁厂检查样机改进情况时，喜形于色地向维尔透露："我找到办法了！"

又过了几天，莫尔斯向维尔披露了自己的大胆设想。

莫尔斯说，电报机既然是利用电流的断续来传递信息，那么电流接通是一种状态，这是一种符号（点），电流断开是另一种符号（间隔）。只要将这两种符号（点和间隔）组合起来，就可以代表从 0~9 的 10 个数字。不同的数字组合，就可以代表不同的单词（如 4 个数字表示一个单词）。用一个电键就可以敲击出点和间隔。这样一来，电报机的结构就大大简化了！原型电报机上的那些复杂的凹凸字母版，就完全可以淘汰掉了。

“教授，您的这个创意太妙啦！”维尔很佩服莫尔斯的设想。

“不过，我需要编一本‘字典’……”莫尔斯说。他所说的“字典”，实际就是代码本，每 4 个数字对应一个英文单词。这有点像我国最早使用的四角号码字典——4 个数字代表一个汉字。

但是，编“字典”的工作量非常大，莫尔斯花费了很多精力。1837 年 10 月 24 日，莫尔斯在给维尔的一封信里说：“这本字典的编写已进入最后阶段，你想象不到它消耗了多少劳动！好在现在快要大功告成，到时候只要写几个数字，就能查到它代表什么单词……”

这本“字典”是何时编写完成的，在莫尔斯的传记资料里没有记载。但有一点可以肯定，当“字典”接近“大功告成”时，莫尔斯发现它使用起来有很大的局限性。因为接收电报时，收到的是一连串的数字，不能直接解读，必须查“字典”才能知道信息的意思，就像密码传递似的。

聪明过人的维尔也发现了这个不足。

“教授，”维尔问莫尔斯，“有没有不用查‘字典’的办法呢？”

“嗯，”莫尔斯沉吟道，“让我再想想……”

话又说回来，查“字典”虽然麻烦了点，但比起凹凸字母版，它已经是一个飞跃了。不过，莫尔斯并不满足于已经取得的成绩，年轻合伙人的话给了他一个启发。

一连几个星期，莫尔斯绞尽脑汁地苦思冥想，都没有想出好点子来。一天傍晚，莫尔斯在河边的小路上散步。夕阳照映在河面上，波光粼粼。岸边的长椅上，有老人在小憩，金色的阳光洒落在他们的身上。空气中散发着一种温馨的气息。莫尔斯从连日的劳顿中挣脱出来，感到片刻的轻松，他已经好久没有这样的感觉了。

莫尔斯信步来到河边，从岸边捡起一个小石片，挥臂扔到河里，小石片在水面上跳跃，划出一串圆圈。莫尔斯再捡起一个小石片，挥臂将它扔向更远的地方，小石片越过水面，激起一串漂亮的水花。那些小水花在夕阳的映照下，宛若一串跳动的电火花。这情景令他如痴如醉，他不禁有些发呆。

突然，莫尔斯两眼一亮，兴奋不已，只觉得灵感忽至。

他想，电流只要停止片刻，就会出现火花。火花是一种符号（间隔）；电流接通，没有火花是另一种符号（点）；长时间没有火花又是一种符号（划）。这样，就有3种状态（点、划、间隔）可以进行编码，比只用点和间隔能表示的组合多得多。采用这种编码，不仅能表示0~9的10个数字，还能表示26个英文字母！这样一来，用点、划和间隔的不同组合，就能直接传递由字母组成的单词，连贯起来就是英文字词句信息了！

这是一个伟大的设想！莫尔斯激动万分。他像阿基米德发现了浮力定律一样，高喊着“我找到了！我找到了！”一路狂奔，回到家里，在科学笔记上充满信心地写下：

电流是神速的，如果它能够不停顿地走10英里，我就要让它走遍全世界。电流只要停止片刻，就会出现火花。火花是一种符号；没有火花是另一种符号；长时间没有火花又是一种符号。这3种符号可以组合起来，代表数字和字母。它们可以构成全部字母，文字就能够通过导线传送了。这样，把消息传到远处的崭新工具就出现了！

莫尔斯的这个构思，是电报发明史上一项重大的突破。在这之前，人们的实验都是用多根导线或磁针偏转的多种位置来代表不同字母，26 个字母就要有 26 种不同的状态，因此设备庞杂，很难实现。莫尔斯设想用点、划和间隔的组合来表示字母，只要发出 3 种符号，就能够传送消息，这大大简化了电报机的设计和装置。

莫尔斯把自己的新构想告诉了维尔，维尔非常兴奋，两人一拍即合。后世有传记作者说，这个构思是维尔最先提出的，不过证据并不是很充分。最有可能的是，维尔当时也产生了这个想法，这就是英雄所见略同。因此有资料说，1838 年 2 月维尔在一封信里曾对父亲透露过："莫尔斯教授有一个关于点和划的新设想，他已经把编'字典'抛到一边了。"这是可信的。

当莫尔斯让维尔考虑一下具体的实施方案时，维尔欣然接受了。他唯一的愿望就是在这项伟大的发明中，发挥自己的聪明才智和创造精神。

维尔接受任务后，立即投入紧张有序的工作中。

究竟如何用点、划和间隔的组合来表示 26 个字母，其中大有学问。因为在日常的英文书写中，各个字母的使用频率不一样。使用频率越高的字母，代码应该设计得越短，这样传递信息的效率才越高。经过深思熟虑，维尔决定采用最简单和最短的组合来表示经常使用的英文字母。维尔对当地报纸的版面做了详细的统计，发现字母 e 出现的频率，比其他任何字母出现的频率都高，因此他分配给 e 最短的符号，一个单点（•）；t 出现的频率也比较高，就用一划（—）来表示；相反，字母 b 出现的频率低，就用长一些的符号“划点点点”（—•••）来表示；以此类推。

1838 年 1 月 8 日，维尔提出了莫尔斯电码的具体编码方案。实际上，在 1837 年年底，维尔就完成了这个方案。他同时还在考虑对电报机进行相应的改进。这个编码方案规定了用特定的点、划和间隔组合来表示不同的英文字母、数字和标点符号，这就是莫尔斯电码的前身，也是电信史上最早的编码。它由两种基本信号和不同的间隔时间组成 ：短促的点信号“•”，读“嘀”；保持一定时间的划“—”，读“嗒”。一点为一个基本信号单位，一划的时间长度等于 3 个点。在一个字母（数字）内，各点划之间的间隔为 2 点的时间长度。字母（数字）与字母（数字）之间的间隔为 7 个点的时间长度。

可以说，莫尔斯电码是莫尔斯和维尔两人合作的成果，它凝聚了两位发明家的智慧和心血。莫尔斯的灵感，加上维尔巧妙的设计，使它成为人类通信史上的一项经典发明。

莫尔斯电码利用“点”“划”和“间隔”（实际上就是时间长短不一的电脉冲信号）的不同组合来表示字母、数字、标点符号，用这种方法传递信息非常简便实用。1851 年国际会议对莫尔斯电码进行修订，使之更加准确、简单，后来其成为全世界通用的电码，也就是国际标准莫尔斯电码。

事实表明，莫尔斯电码是电报发明的一个核心内容（软件），其生命力比莫尔斯电报机（硬件）强得多。作为一种信息编码标准，莫尔斯电码拥有其他编码方案无法超越的强大生命力。在漫长的岁月里，莫尔斯电码为人类通信做出了巨大的贡献，上演了许多精彩的故事。在第二次世界大战中，有个名叫亚力克西斯的英军少校被德国纳粹俘虏了，1941—1945 年期间被关押在德军的战俘营中。亚力克西斯从小爱好刺绣，正是这一爱好帮助他度过了战俘营难熬的岁月。他用从降落伞上扯下来的丝线绣出一些精致的图案。纳粹万万没有想到，亚力克西斯用莫尔斯电码在其中一幅刺绣上绣了一句“该死的希特勒”。这一串莫尔斯电码“•—• ••— —•—• —•— •••• •• — •—•• • •—• ”绣在长方形装饰图案上。愚蠢的纳粹军官未发现蹊跷，还将这幅作品在战俘营里展出数年。亚力克西斯后来被国际红十字会营救了出来。

在 1912 年 4 月 14 日震惊世界的“泰坦尼克号”海难事件中，人们就使用了莫尔斯电码“SOS”呼救。这个独特的“嘀嘀嘀嗒嗒嗒嘀嘀嘀”的信号（•••— — —•••）从此成为海难者的救星，拯救了无数人的性命。莫尔斯电码在海事通信中被作为国际标准一直使用到 1999 年。1997 年，法国海军停止使用莫尔斯电码前发送的最后一条消息是：“所有人注意，这是我们在永远沉寂之前最后的一声呐喊！”

为了制作采用莫尔斯电码的新装置，在莫尔斯的安排下，维尔投入了紧张的工作。他和巴克特斯在斯皮德韦尔炼铁厂里又加班加点地干了起来。按照莫尔斯的要求，维尔对电报机的结构进行了调整和重新设计。没过多久，莫尔斯和维尔终于成功试制出一台传递莫尔斯电码的装置。这台样机和莫尔斯的第一台原型电报机相比，外形和结构都有很大变化，而且这台机器增加了灵巧的杠杆，还采用了亨利发明的继电器。莫尔斯把新机器正式命名为电报机（Electric Telegraphs）。这时莫尔斯已经 46 岁。

取得专利

值得一提的是，维尔承担了全部的试制经费。这解决了莫尔斯教授的燃眉之急。莫尔斯的美术教学收入并不高，除开必需的生活开支外所剩无几。有时候，莫尔斯窘迫得连买双新皮鞋的钱都没有，但是他很达观，他将全部身心都投入了电报机的发明中。发明家的日子虽然很清苦，他却乐在其中。

就在同一年，英国物理学家惠斯通和库克，还有德国的斯泰因迈尔，也各自发明了电报装置。惠斯通和库克的电报机是磁针式的，用 5 枚磁针的不同偏向来表示字母。惠斯通和库克的机器也采用了亨利发明的继电器。斯泰因迈尔的发明是用一串音调不同的铜铃来作为记录信号的终端。相比之下，莫尔斯的电报机实用得多。他采用自己的电码设计思想，发展了安培和亨利提出的原理，摒弃了磁针，更用不着 20 多个累赘的铜铃，这使得莫尔斯的电报机一问世就具有强大的生命力。

电报机终于研制成功了。它虽然还比较粗糙，传递距离还不超过 1 千米，但是却标志着一种崭新的通信工具的诞生。多年的理想将要实现，莫尔斯高兴极了。1838 年 3 月，莫尔斯和合伙人签订了正式的电报合伙协议。3 个合伙人分别为工程师阿尔弗雷德·维尔、纽约大学教授伦纳德、国会议员史密斯。按照合伙协议规定，未来电报系统的16股股份所有权分配如下：维尔占2股，伦纳德占1股，史密斯占4股，莫尔斯占9股。莫尔斯虽然是个画家，但他具有商业头脑和营运观念，在这份合伙协议中，他本人的权益得到了充分保障。

莫尔斯的电报系统正处于实用研发阶段，他需要技术和财力的资助，同时需要得到国会尽可能多的支持，所以他请来了国会议员史密斯入伙，并给了他不低的股份。律师出身的史密斯懂法律，对电报机的商业运作很有帮助。这份合伙协议，让莫尔斯达到了自己的目的。正是这个联盟，使莫尔斯最终取得了成功。

1840年6月20日，莫尔斯申请了美国专利，专利号为1647，专利名称为“用电磁信号改进信息传递方式”。美国专利局的第一专利员亨利·埃利斯沃尔特是一位资深律师，毕业于耶鲁大学。此君颇具绅士风度，待人热忱，非常鼓励创新发明。1836年，美国有个名叫塞缪尔·柯尔特的年轻发明家，发明了一款新的左轮手枪。这款手枪的转轮弹膛可容纳6发子弹，比当时的主流火器燧发枪先进得多。埃利斯沃尔特毫不犹豫地给22岁的柯尔特颁发了美国专利（专利号为138），并帮他筹集到20万美元的投资，在新泽西州组建公司，生产这种新型手枪。柯尔特担任公司的首席运营人和产品设计人。他的公司很快成为当时美国发展最快的武器制造公司之一。

莫尔斯遇到埃利斯沃尔特也是机缘巧合。这位美国专利局的第一专利员生于1791年11月，和莫尔斯同岁，两人还是耶鲁大学的校友。埃利斯沃尔特很钦佩这一位画家校友发明了高科技的电报机，对莫尔斯非常支持。他很快就发给了莫尔斯电报发明的美国专利。以后数年间，在埃利斯沃尔特的帮助下，莫尔斯又申请了3项相关的补充专利，内容为电磁电报机的改进，都是1647号专利再版时的修订本。莫尔斯最后申请的美国专利为6420号，是改进后的电报机实体，专利名称为“电报机的改进”。这些专利确保了莫尔斯作为电报发明人的优先权和利益。

埃利斯沃尔特曾担任过康涅狄格州的哈特福德市市长，在美国政坛上人脉很广，他的孪生兄弟威廉·埃利斯沃尔特是美国国会议员。埃利斯沃尔特在国会内积极活动，为莫尔斯的电报发明争取拨款，以测试该发明的技术可行性。莫尔斯对此寄予了很大的期望，多次到华盛顿拜见国会议员，希望美国国会能给予支持。遗憾的是，由于电报在当时还是新生事物，国会议员们对莫尔斯的发明兴趣不大。莫尔斯很失望。

“丑小鸭”

要将电报机投入使用，需要巨额的投资，而莫尔斯现在的合伙人的财力毕竟有限。

莫尔斯抱着电报机去找大企业家，试图说服他们投资，可是这些大企业家给他的都是一盆盆冷水。在科学技术史上，有许多发明在刚问世的时候都被当作“丑小鸭”。在那些大老板的眼里，莫尔斯耗尽心血研制的电报机不过是一堆赚不了钱的废铁。一个经理说：“先生，你在开玩笑吧？居然想叫我把钱投资在一个玩具上！”另一个百万富翁讥笑说：“哈哈！用导线传递消息？你为什么不发明一枚能够飞向月球的火箭呢？”

莫尔斯只好到欧洲去，希望电报机能在欧洲得到推广应用。然而这时俄国的希林已经造出了其他样式的电报机，同样大大地延长了通信距离，达到了可以实际应用的水准。英国的惠斯通和库克也已经发明了电磁电报机，并且取得了英国专利。

希林是俄国的一名外交官。1832 年，他根据“电流能够使磁针转动”的奥斯特效应，设计出了磁针式电报机，利用通电电流的强弱使磁针偏转到不同的角度，再用磁针的角度来表示不同的字母。在沙皇的授意下，俄国于 1837 年铺设了一条从冬宫到内阁的电报线路，以便沙皇在外出游玩时也能处理公务，这也是世界上第一条电报电缆线路。遗憾的是，希林在这条电报线路铺设前不久染病去世，没有看到电报机的投入使用。

希林在英国任外交官时，曾演示过他发明的磁针电报机。英国人惠斯通和库克受到启发，对希林的电报机进行了改进，造出了五针电磁式电报机。

惠斯通生于 1802 年，父亲是个乐器制造商。惠斯通没有接受过任何正规的科学教育，但他善于学习，刻苦钻研，后来自学成才，1834 年被任命为伦敦国王学院实验物理学教授。惠斯通观看了希林的演示，很快掌握了磁针电报机的原理，然后对希林的电报机进行了相应的改进，并计划在伦敦铺设一条电报线到伯明翰，但由于耗资巨大没能实现。

库克是英国派驻印度殖民地的青年武官，一次回英国度假的时候，偶然观看了希林的电报机演示，立刻意识到这是个巨大的商机，于是辞去武官之职，潜心投入电报机的发明中。由此可以看出，应运而生的电报机在当时具有多么大的诱惑力和感召力。库克凭借着一些粗浅的电磁学知识，做出了一款三针式电报机。但他由于理论知识不足，未能以此为基础进行进一步改进。有人建议他去找惠斯通。于是他与惠斯通展开紧密合作，很快便制造出了五针电磁式电报机。

这是历史上第一款具备一定实用价值的电报机。它的工作原理是：通过闭合由电池与开关构成的回路，利用线圈的电磁效应来控制磁针的偏转方向。所谓五针电报机，即有5根磁针，这5根磁针排列在一个菱形刻度盘的中心线上，刻度盘上标有字母。它使用了带有20个字母的菱形栅格（缺少的6个字母需要从信息中省略），并在中间配有5个针脚。任何2个针脚的左右偏斜都会指向一个特定的字母。发报者可以控制其中任意2根磁针的偏转，使磁针指向特定字母。应该说，这是一个相当巧妙的设想，但是由于几何学上的限制，这个机器只能传送20个字母，J、C、Q、U、X、Z这6个字母在五针电磁式电报机上没法表示。惠斯通和库克的电报机很快被应用于传送铁路信号。

由于这些原因，莫尔斯赴欧洲推介电报机之行，没有取得任何效果。

惠斯通和库克已在英国取得电报专利。同年，他们安装了大约2千米长的演示线路。虽然五针电报机的磁针指示字母存在缺陷，但已投入使用。英国政府对莫尔斯的发明毫无兴趣。在傲慢的英国官员眼里，这个美国画家手里捧着的电报机，就像一个笨拙的玩具。法国一直在使用传统的托架式线路，而且已形成通信网络。莫尔斯花费了许多时间去游说，但他的努力都白费了。

莫尔斯带着破灭的希望回到纽约。这时，他已经到了一贫如洗的地步。四处碰壁并没有使莫尔斯丧失信心，他了解自己的发明的价值。可是要进一步改进电报装置，延长通信距离，将它投入使用，需要一大笔经费。他的钱已经用得一干二净。怎么办呢？莫尔斯望着电报机，就像望着一个断奶的婴儿，心里一阵酸痛。难道就让它“饿死”在摇篮里吗？不能啊！窗外飘着雪花，莫尔斯推开窗户，看见几只鸽子在屋顶盘旋。这位画家心头一热，他仿佛看到电报机的导线架过屋顶，穿越纽约，一直延伸到全世界，人们都在用他的电码通信。他想起自己身边仅存的一点值钱的东西——几幅珍藏多年的名画。那是他的老师——一位酷爱艺术的老画家赠送给他的。莫尔斯忍痛把这些艺术珍品卖给了古董商。他心里很难受，但是他相信，如果恩师在世也不会责备他的。

在赴欧期间，莫尔斯结识了法国艺术家和化学家达盖尔。达盖尔这时已成功地发明了实用的银版摄影法，后来被称为达盖尔银版法。这是世界上第一个成功的摄影方法，开创了人类摄影的先河。它让一块表面有碘化银的铜版曝光，然后蒸以水银蒸气，并用浓热食盐溶液定影，形成永久性的影像。莫尔斯回到美国后，为了生计搞了一段时间银版摄影法。他对朋友说："如果我的电报机弄不出名堂来，我就靠银版摄影法来养活自己。因为有了银版摄影法，肖像画就会变成一种完全无益的手艺。"

莫尔斯在纽约的贫民区租了一间小屋，制作银版照片。他的实验室、卧室、厨房都挤在这间小房子里。美国的第一批照片，大都出自莫尔斯之手。

为了增加收入，莫尔斯在纽约大学兼职教美术课程。据一个学生回忆，当时有 4 个学生跟着莫尔斯学绘画。他听说莫尔斯教授的经济状况很糟糕，于是先付了 1/4 的酬金给他。到了该第二次支付酬金时，他因为家里没有按时寄钱而拖延了。一天，莫尔斯走到他面前为难地说："年轻人，钱怎么样了？"

"请原谅，教授，钱还没有寄到，"这个学生连忙道歉，"要到下星期了。"

莫尔斯苦笑了一下，自嘲地说："下星期？到时候我已经饿死了！"

学生很不好意思，脸蓦然红了。他从口袋里掏出 10 美元，尴尬地说："我这里还有 10 美元，能帮您点忙吗？"

“这 10 美元能救我的命！让我不至于饿死。”莫尔斯接过钱，然后师生两人到餐馆吃了一顿便饭。饭菜虽然很简单，但可以吃饱。

莫尔斯感叹道：“这是我两天来的第一顿饭。您千万不要当画家，当画家意味着一贫如洗，就连看门狗也比画家活得好。”

上面这个逸闻，出自俄国作家卡明斯基所著的《爱迪生和莫尔斯》。据卡明斯基记载，1841 年莫尔斯在给友人的一封信里这样写道：

两年来，我靠非常可怜的一点教学收入来维持生活。我节衣缩食，为的是能凑够钱在国会上演示我的电报机。我因为缺钱正面临着死亡的威胁。谁也不知道，为了完善电报机，我不停地工作了多少个日日夜夜。我只有一个想法，就是我手中的发明，可能开创人类文明发展史上的一个新时代，可能造福千百万人。正是这个信念支撑着我去进行这些实验。

就这样，莫尔斯在困窘中坚持了下来。在最艰难的日子里，维尔经常从新泽西州的莫里斯镇专程赶来，给莫尔斯鼓劲。莫尔斯感觉到自己不是孤军奋战。

莫尔斯和维尔在实验室里一同研究，反复实验，对电报机进行了许多改进。他们增加电池组，增加环绕磁铁的线匝数量，提高接收机的灵敏度，大大延长了电报机的通信距离。维尔还是个优秀的小提琴手，在工作疲劳的时候，维尔就在小实验室里拉起他喜爱的民间乐曲。那淳朴悠扬的琴声，常常把莫尔斯带到遐想的境界。经过两名战友一年的奋斗，电报机最终达到了可以投入使用的水平。

当成功地做完最后一次实验的时候，莫尔斯确信，电报为人类造福的日子来到了。

一步之差

1842 年冬，莫尔斯带着改进后的电报机，离开纽约，前往华盛顿。这位饱经风霜的发明家提着笨重的箱子走下列车，喃喃自语：“华盛顿，我给你带来了电报！”

莫尔斯这次到华盛顿的境况，比上次要好。特别幸运的是，在埃利斯沃尔特先生的鼎力帮助下，莫尔斯用发明家特有的坚定和热忱，成功地说服了国会议员提出拨款 3 万美元的议案，这 3 万美元将用于在华盛顿和 64 千米外的巴尔的摩之间建立一条实验性的电报线路。议案将提交参议院批准。

莫尔斯住在一家简陋的旅店里等候消息。眼看多年的理想将要变成现实，这位 51 岁的画家抑制不住内心的喜悦，他给维尔写了一封报喜信，并且叫他做好一切实验准备。

不料，参议院经过几次激烈辩论，热衷于驿站马车和法国老式通信机的保守观点占了上风。大多数议员对莫尔斯的电报机持保留态度；一些州的代表也极力反对把 3 万美元巨款花在一个画家“异想天开”的发明上。有关电报的议案，参议院最终没有通过。莫尔斯得到通知后就像天雷盖顶，受到了很大的打击。

“啊，华盛顿，这个无情的城市！”莫尔斯伤心地回到纽约，他的口袋里只剩下不到一美元。他紧紧地握住前来迎接的维尔的手，一时竟说不出话来，两行眼泪夺眶而出。

“字字看来都是血，十年辛苦不寻常。”这是曹雪芹写《红楼梦》时的辛酸。莫尔斯发明电报也耗费了10年心血！他牺牲了锦绣的艺术前程，抛弃了作为教授的舒适生活，把自己的全部精力和智慧都倾注到了电报机的发明上。可是，就在离成功只差最后一步的时候，他被迫停止了，他们的实验中断了。实际上，电报机的研究已经完成，现在需要的仅仅是实践检验，向社会宣布成果。

维尔也受到了很大的打击。这几年里，这位天才的青年发明家不计名利，不要报酬，全身心地投入电报发明。他贡献了自己的聪明才智，耗费了大量心血，眼看离成功只差一步，最后却功亏一篑。维尔沮丧地离开了莫尔斯和实验室，回到了莫里斯镇，继续在父亲的斯皮德韦尔炼铁厂当技师。离别的时候，维尔深情地望着画家，许久才说出一句话来：“先生保重！”

在之后的一年里，莫尔斯贫病交加。他又和颜料、线条打起了交道，因为除了绘画，他没有别的谋生手段。但是因为长久不画画，手艺生疏，他的作品无人问津，莫尔斯挣扎在饿死的边缘。

伟大的时刻

但是，技术的进步是阻挡不住的。凡是为人类造福的发明必将受到历史的尊重。终于有一天，奇迹发生了。

早春的一天，莫尔斯正在吃早餐，一位妙龄女子登门拜访。她的名字叫安妮·埃利斯沃尔特，是专利员埃利斯沃尔特的女儿。安妮头戴绣边软帽，模样俊秀，落落大方。她和莫尔斯握手时，脸上洋溢着喜悦。

“莫尔斯教授，我是来向您报喜的！”她说。

“哦？喜从何来？”莫尔斯诧异地问。

“您的电报提案在参议院通过了，我是第一时间赶来向您祝贺的！”安妮兴奋地说。

“这是真的吗？”莫尔斯简直不敢相信自己的耳朵。

“是我爸爸亲口告诉我的。”安妮证实道。

安妮的那位专利员父亲利用自己的影响力和威望，在促成提案通过时发挥了重要作用。他不仅为发明家莫尔斯本人，也为美国和全世界的人们做了一件大好事。

正在这时，门铃响了。莫尔斯打开门，一位身穿制服的邮差送来一封束着朱红绸带的公函。莫尔斯用微微颤抖的手拆开这封公函，一行醒目的字映入眼帘：

> 塞缪尔·莫尔斯先生，我们荣幸地通知你，参议院已经通过关于修建电报实验线路的拨款提案……

果然是喜从天降。有关电报的议案被重新提交参议院讨论，在埃利斯沃尔特和科学界舆论的影响下，议案最终以89:83的微弱优势获得通过！这一天是1843年2月23日。

莫尔斯又惊又喜，再三拜托安妮回去后向埃利斯沃尔特先生致谢。安妮答应莫尔斯，待到华盛顿至巴尔的摩间的电报线路开通时，她将参加第一份电报的传送仪式。莫尔斯高兴地说："到时候你一定要来。"

"一言为定！"安妮和莫尔斯击掌为约。莫尔斯这时身无分文，他立即给已经改行的维尔写了封信，又到一个过去跟他学过美术的学生那里借了50美元，买了一套新衣服，赶到华盛顿。不久，维尔也兴冲冲地赶来。两位"战友"在华盛顿重逢，不禁百感交集。伟大的事业终于展现在眼前，他们经历了多少坎坷啊！在莫尔斯的领导下，从华盛顿到巴尔的摩的电报线路开始动工兴建，只用了一年多的时间就完成了。

1844 年 5 月 24 日，人类通信史上的庄严时刻到来了。这一天，华盛顿沉浸在节日般的气氛中。在国会大厦联邦最高法院会议厅里，莫尔斯向应邀前来的几位科学家、政府要员介绍了实验原理，维尔等候在 64 千米外的巴尔的摩接收端。大厅外面观众云集，人们怀着极大的兴趣来观看“用导线传递消息”的奇迹。几年前嘲讽过莫尔斯的那两个人也赶来了，他们万万没有想到“丑小鸭”会飞上蓝天，变成人人赞美的“白天鹅”。

在预定的时间，莫尔斯接通电报机，用激动得直发抖的手向巴尔的摩发出人类历史上真正的第一份电报：“上帝创造了何等的奇迹！”随着一连串嘀嘀嗒嗒声响起，电文通过电线传到 64 千米外的巴尔的摩，维尔接收到了电文，并准确无误地译了出来。实验成功了，人类通信史揭开了新的一页！

安妮如约前来，目睹了这一历史性的时刻。她是和父亲埃利斯沃尔特一起出席的。这份名垂千古的电报就是安妮口授的，电文内容是《圣经》里的一句话。英文原文为：“What has God wrought!”

就在实验成功的第二天即 5 月 25 日，记者用莫尔斯电报机给《鲍尔齐莫亚爱国者报》的主编发送了一份电报，这是世

界上第一份新闻电报。电报的内容是："一小时前，关于俄勒冈议案应提交给会议全体人员的动议被否决。赞成者 79 票，反对者 86 票。"5 月 31 日，在第一份电报发送实验取得巨大成功的 7 天后，莫尔斯在给弟弟西德尼的信中兴奋地写道："实验获得了成功，我非常高兴。连从前的反对者也承认'这是一个惊人的发明'。上帝创造了何等的奇迹！——此时此刻，有什么语言比这句虔诚的赞颂更合适呢？一个从梦想起飞的发明，曾经受到那么多怀疑，最后它终于战胜了障碍，变成了现实。舆论的轰动、大众的赞美，点燃了我内心的骄傲，但我不能因此被冲昏头脑。我会始终怀着虔诚和敬畏之心，继续努力攀登。"

1963 年 8 月 23 日，美国总统肯尼迪和尼日利亚总理进行通话，在结束时就引用了莫尔斯第一份电报的报文"上帝创造了何等的奇迹"。这也是通过卫星通信进行的第一次会话，距 1844 年发出第一份电报过了 119 年。

莫尔斯电报因为使用了电报编码，具有简洁、快速和经济实用等特点，比其他人发明的电报要优越许多。莫尔斯的发明很快便风靡整个美国，而后在英国和欧洲其他国家也引起了轰动。1844 年 5 月 24 日成了国际公认的电报发明日。英国人通过五针电报机领略了电报的种种好处，很快就选择了更具实用性的莫尔斯电报。五针电报机最终黯然退场，惠斯通和库克风光不再。虽然在 1845 年，五针电报机因为在伦敦成功通缉一个杀人犯而引起轰动，但这只是“回光返照”，已无法动摇莫尔斯电报机的优势地位。

莫尔斯的发明很快风行全球。莫尔斯电报机经过多次改进，被迅速推广应用。从此以后，战争的爆发、和约的缔结、股市的涨跌、总统的选举……各种消息都通过电报进行迅速的传递。

正如奥地利著名作家茨威格在《人类群星闪耀时》里赞叹的：

电，这个赫克勒斯，当它还在摇篮时就已推翻了迄今为止的一切定律，破坏了一切行之有效的标准。我们这些后来者将永远无法体验到当时那代人对电报的最初效果所产生的惊奇心情。正是这种小小的几乎无法感觉到的电火花——它昨天还只能在莱顿瓶里发出噼噼啪啪的声音，产生手指节骨那样 1 英寸（1 英寸相当于 2.5 厘米）长的电火花，如今一下子获得了巨大魔力，能越过陆地、高山和所有大洲。这使人们惊愕不已，不胜振奋……近代史上没有哪一个日期能与电报的发明所带来的划时代影响相比拟。

功勋

从莫尔斯发明电报到现在，一百多年过去了。这期间电信技术不断更新，世界发生了巨大的变化。但是莫尔斯在科学道路上不怕困难、披荆斩棘的精神，永远值得我们学习。他 41 岁半路出家，面对许多专家都没有攻克的难关，没有畏惧，最终有志者事竟成！这不禁使人想到马克思的名言：“在科学上没有平坦的大路，只有不畏艰险沿着陡峭山路攀登的人，才有希望到达光辉的顶点。”

莫尔斯获得成功的原因，能给后人很多启发。

第一，有一个伟大的理想一直鼓舞着莫尔斯，那就是利用神奇的电传递信息，造福人类。这个目标很明确。正如莫尔斯在科学笔记里写的：“电流是神速的，如果它能够不停顿地走 10 英里，我就让它走遍全世界。”他的一切努力，都是为了实现这个目标。论科学素养和电学知识，莫尔斯不及约瑟·亨利，甚至可以说在电学上他是亨利的学生。但是亨利没有想到用电来进行通信，他虽然最早实现了近距离的电信号传递，却只是用来向老婆通知回家时间，因此与发明电报擦肩而过。这说明有目标和没有目标大不一样。

第二，莫尔斯具有百折不挠的精神。从他在写生本上端端正正地写下“电报”这个词，立志要完成用电传递信息的伟大使命起，他历尽艰辛，屡遭挫折，真是“十年辛苦不寻常”。莫尔斯不怕失败，不怕讥笑，从来没有退缩过。只要有一次他打了退堂鼓，人类发明电报的历史就要被改写。最后，他终于创造了人间奇迹！

第三，莫尔斯电码的创意——这一设计思想的突破，也是莫尔斯成功的关键。可以说，莫尔斯电码是莫尔斯电报的灵魂。在莫尔斯之前的所有电报发明家，都没有想到用编码来传递信号。英国人惠斯通和库克设计的五针电报机，制作技术高超（像钟表一样精致），创意也很巧妙——将 5 根磁针排列在一个菱形刻度盘的中心线上，发报人用电信号控制其中任意 2 根磁针的偏转，就能指向交叉点上的特定字母。但惠斯通和库克的这种机械式电报机由于设计思路的先天局限，不仅传递速度慢，而且存在盲点（只能显示 20 个字母），所以最终被莫尔斯电报机超越。

第四，成功的商业化运作，这也是莫尔斯成功的不可缺少的条件。任何技术发明只有投入使用，变成商品，才具有生命力，才能造福人类。爱迪生发明电灯，马可尼发明无线电，都是这样。莫尔斯发明电报机后，很快申请了美国专利，获得了发明优先权和利益的保障。为了把自己的发明进一步开发成实用产品，他不遗余力地四处游说，筹集资金，争取国会的拨款。在华盛顿到巴尔的摩间的电报实验成功后，他于 1848 年筹建了私人股份公司，1850 年又筹建了电报公司，对电报的发展和普及做出了重大贡献。

历史记下了塞缪尔·莫尔斯的功勋，也没有忘记杰克逊的名字——他不愧是一位杰出的科普宣传家。这个热心的青年学者虽然没有发明电报，却点燃了莫尔斯心中的火种。说起来也真有趣，一位医生鼓动一位画家发明了电报！这个发明史上最富有戏剧性的事件，是颇耐人寻味的。

杰克逊并不是电学的专业研究者，但他对电学的最新技术感觉敏锐，判断准确，有所预见。尽管他只是一个业余爱好者，他的科普讲座却是高水平的。他点燃了莫尔斯心中的发明之火，这靠的并不是狂热，而是科学。他自己被电的新发明所触动，又积极地宣传这种新发明，星星之火最终成了燎原之势。这就是科普引路的伟大作用。

电报的发明是人类智慧的结晶，背后有无数无名英雄付出了毕生的劳动。这里特别需要提的，就是阿尔弗雷德·维尔。

他是莫尔斯的合伙人、天才的搭档、尽职的助理，也是共患难的战友。在莫尔斯的电报发明中，他做出了重大贡献。可是在相当长的一段时间里，维尔的功劳被人们忽略了。

在从华盛顿到巴尔的摩历史性的电报实验中，维尔负责在巴尔的摩接收信号，当他译出“上帝创造了何等的奇迹！”的电文时，已是热泪盈眶。

1848 年，维尔离开了莫尔斯团队，回到莫里斯镇。这时维尔已 41 岁。据说他准备开一家生产电信器材的工厂，但后来并没有实现。

没有资料记载维尔为什么会与莫尔斯分道扬镳。也许是电报发明已大功告成，他决定功成身退；也许是在莫尔斯被成功包围时，他感到了失落。因为有协议在先，维尔为电报发明所做的工作和取得的成绩，都挂在莫尔斯的名下。维尔付出了很多，得到的回报却很少，他一直活在莫尔斯的盛名之下。1859 年 1 月 18 日，维尔死于贫困，终年 52 岁。因为他与莫尔斯合作协议的条款规定，所有的专利都用莫尔斯的名字进行申报，所以后人很难准确判断维尔在电报发明中究竟有多少功绩，不得不说这是个遗憾。

一位美国作家在《美国电报发明史》一书中感叹道：“电

报历史学家们都很想知道，维尔到底对电报的发明做了多少贡献，可是却无从下手。因为维尔签的协议规定任何发明都需冠以莫尔斯的名字，专利文件上也只有莫尔斯的名字。然而维尔的贡献显然是巨大的，全部设备都由他重新设计、造成专业式样，而且大多数新概念也都是维尔提出的……”

笔者的老友、旅居美国的著名科普作家甘本祓在《生活在电波之中》一书中也表示，莫尔斯电码“真正的发明人是阿尔弗雷德·维尔。但莫尔斯却称得上是有如痴热情的新事物‘业余爱好者’。他原本是个美国画家，只是在由欧洲返美的船上听人讲了‘神奇’的电磁现象，就迷上了这一行，‘投笔从戎’来搞电报机，但他在技术上终究差一点，因此与技术高明的维尔签了协议，让后者协助他工作。维尔设计出了这种编码方案，并同意莫尔斯把它放在他所申请的专利中，于是就有了‘莫尔斯电码’这个名称”。

至于如何评论这桩电报发明的公案，甘本祓先生从硅谷来信说：“我看了一些美国的少儿读物，大多只正面叙述莫尔斯对发明电报机是如何热情、努力和执着，赞扬他开创了电信的新纪元，几乎不提争议之事。这从法律、习惯、教育上都说得通。其实，对后人而言，关键是有人，而且是美国人在一百多年前发明了电报机，这就足够了。”

我很赞成甘本袚先生的观点。莫尔斯也好，维尔也好，亨利也好，他们对电报发明都做出了伟大的贡献，人们会永远怀着崇敬之情纪念他们。

1858 年，法国、奥地利、比利时、荷兰、俄罗斯、瑞典、土耳其等欧洲多国政府联合奖励莫尔斯一笔 40 万法郎（当时相当于 8 万美元）的奖金，以感谢他的发明给世界带来的便利。在莫尔斯晚年的一张照片中，他的胸前缀满了勋章，都是各国皇室或政府颁发的，以表示对他的尊敬。在莫尔斯垂暮之年，由万国电报联盟签名捐赠，在纽约市中央公园为他塑了一座全身塑像，这是一份巨大的荣誉。塑像中的莫尔斯，左手扶着电报机模型，右手执电报纸带，眺望着远方。

1872 年 4 月 2 日，莫尔斯在纽约去世，享年 80 岁。

电报的发明，实现了用电来传递信息的梦想。这是人类通信史上的一次巨大的飞跃，莫尔斯的英名将永载史册。

第一条大西洋海底电缆

莫尔斯发明电报后不到20年，电报这种新型通信方式就在全球范围内流行起来。当时无线电还没有发明，莫尔斯电报只能进行有线传送，只能在陆地上使用，因此也被称为陆地电报。随着资本主义的发展，英国和欧洲大陆以及欧美两地之间传统的利用邮船通信的方式已经远远不能满足需要，于是，制造和铺设海底电缆成了最迫切的任务。

1850 年 8 月 28 日，在英法之间的多佛尔海峡铺设了最早的海底电缆。这条海底电缆北起英国的索兰海角，南至法国的格里斯－奈兹海角，全长约 30 千米，是由英国工程师约翰和雅各布·布雷特兄弟俩使用“巨人号”拖船铺设的。戏剧性的是，电缆铺成后只发了几份电报就中断了。原因是有个法国渔夫以为自己找到了海鳗，用拖网钩起了一段电缆并且截下一节，得意地向别人夸耀说那是一种稀少的“海草”标本，里面裹满了金子。当时的海底电缆没有铠装保护层，所以比较脆弱。

1851 年 11 月 13 日，雅各布·布雷特兄弟俩开始了第二次海底电缆铺设，终于获得成功。这条电缆沟通了英国和欧洲大陆，开创了国际电报通信的新篇章。

不过，铺设在多佛尔海峡的海底电缆比较短。要制造和铺设几千千米长的海底电缆，工程就艰巨多了，因为有很多理论上和技术上的问题需要解决。

1854 年，一个叫克拉克的科技人员发现了信号延迟现象，也就是信号通过海底电缆的时候，收报时间要比发报时间滞后一些，他解释不了这种现象。

英国格拉斯哥大学的教授威廉·汤姆森知道这件事后，怀着极大的兴趣进行了研究。汤姆森意识到这一问题是决定铺设长距离海底电缆成败的关键。因为电缆越长，信号延迟情况越严重，衰减和失真（从脉冲波变成钟形波）也就越厉害，甚至会导致不能正常传递电报。经过一年的研究，汤姆森提出了关于海底电缆信号传递衰减的理论，解决了铺设长距离海底电缆的重大理论问题。这使他成为海底电缆工程的奠基人。这时汤姆森刚 31 岁，一个有趣的巧合是，麦克斯韦提出电磁理论时是 31 岁，赫兹证实电磁波的存在时也是 31 岁。

1855 年，汤姆森发表了关于信号传输理论的论文。论文系统地分析了海底电缆信号衰减的原因，指出由于海水是导体，包着绝缘层的海底电缆同海水组成了一个电容器，这就使信号传递有个充放电的过渡过程。如果增大铜线截面面积来减小电阻，加厚绝缘层来减小电容，即使使用小电流，也能使信号的延滞降低。这个理论成了后来设计海底电缆通信工程的重要根据。

1856 年，为了铺设连接美洲和欧洲的大西洋海底电缆，大西洋海底电缆公司在英国正式成立，投入资本总额为 35 万英镑。由于海底电缆在当时是一个科技奇迹，该公司吸引了很多人参股。35 万英镑的原始股，几天之内就被认购一空。认购股份者的名单中有不少名人，包括著名作家萨克雷（《名利场》的作者）、拜伦夫人等。这表明了公众对海底电缆项目的巨大热情。美国实业家赛勒斯·韦斯特·菲尔德（1819—1892）是这项工程的主要发起人，担任总经理。莫尔斯被聘请为顾问。

按照公司章程，公司董事由各个地区的股东选定，在股东分到 10% 的红利以前，董事没有薪金。苏格兰的股东选聘汤姆森为董事，汤姆森欣然同意。一个人把工作当成了事业，是不会计较报酬的。汤姆森盼望的是把自己的理论应用到实践中，在第一条大西洋海底电缆的工程中显威力。本来，凭学识和才能，汤姆森担任大西洋海底电缆工程的电气工程师是最合适不过的。可是，因为他在所有的董事中最年轻，起初他并没有得到重用。公司任命一个名叫怀特豪斯的人担任电气工程师。怀特豪斯对电学并不精通，是靠关系成为电气工程师的。如果他能虚心听取汤姆森的意见倒也没有什么，但是他喜欢独断专行、瞎指挥。汤姆森只是一个普通的董事，既无职又无权，他提出的好多技术上的建议都被怀特豪斯随意否定了。

还有一件糟糕的事情，就是在工程启动以后，汤姆森发现公司筹委会早就把电缆说明书交给了承办厂商，而且电缆已经开始生产了。那份说明书是怀特豪斯凭着主观想象做的。汤姆森和总工程师博拉特发现，说明书上的电缆直径比理论要求的小得多，但是要取消合同已经来不及了。这样，第一条大西洋海底电缆的铺设工程一开始就陷入了混乱之中。由于公司用错了电气工程师，这项工程的完工时间起码推迟了 3 年。

为了寻找补救的办法，汤姆森带着学生专门对铜的电阻率进行研究。他在格拉斯哥大学建立的物理实验室给研究提供了很大的方便。汤姆森希望在没有办法增大铜线直径的情况下，能够找出提高铜线导电率的方法。他们把当时市场上的各种铜线都买回来做了测试，发现它们的电阻率差别很大，而且只要在铜里加入微量的特定物质，就可以使铜的电阻率减小很多。根据设计，第一条大西洋海底电缆要用 1200 段铜线焊接起来，每段铜线长约 3 千米，如果各段铜线的电阻率不一样，整个电缆的电阻率就会相差很大。汤姆森及时地解决了这个问题，他对电缆铜材的规格提出严格的要求，并总结出一套实用的测量方法，为制造出合格的电缆提供了保障。

不料，当青年物理学家汤姆森把研究结果写成报告交给公司的时候，却遭到了怀特豪斯的反对。这个顶头上司硬说自己的设计没有错，还指责汤姆森好高骛远。承办厂商也附和专横的怀特豪斯，说汤姆森规定的铜材标准太高，没有办法达到。事情关系到公司的命运，在总经理费尔特的支持下，董事会召开联席会议进行讨论，汤姆森当场列举了通过实验得出的大量事实来说明自己的主张。最后，他的意见被采纳了，厂商不得不按照新的技术标准制造电缆。

1857 年，电缆终于造好了。茨威格形容道："为了说明这项工程的巨大规模，这样的比方是最形象不过了：绕在电缆里的三十六万七千英里长的单股铜铁丝可以绕地球 13 圈，如果连成一根线，能把地球和月球连接起来。自《圣经》记载通天塔以来，人类没有敢去想还有比它更宏伟的工程。"

连接欧美大陆的第一条海底电缆就要沉放了，人们都很关心这件事。英美政府拨出两艘军舰，专门供给施工使用。英国提供的是最大的军舰"阿伽门农号"；美国提供的是一艘三桅战舰“尼亚加拉号”，排水量为5000吨。电缆两头的登陆点，分别是纽芬兰岛和爱尔兰岛。这两个岛，一西一东，隔着大西洋，是欧美大陆之间相距最近的地方。

第一条大西洋海底电缆的铺设，经历了风险、灾祸和失败，整个工程可以称得上是人类通信史上的一篇壮丽史诗。电缆工程开始铺设的时候，电气工程师怀特豪斯借口“身体不舒服”，拒绝随船出航。董事会请汤姆森来代理他的职务，虽然没有薪金，汤姆森还是答应了。不巧的是，当电缆沉放了300多英里的时候，在3600多米深的水下意外地发生了断裂，第一次沉放电缆失败了。其实就算这次沉放成功，也存在着信号微弱、接收困难等问题。

汤姆森没有因为遇到挫折就气馁。他对事故进行了分析，发现电缆断裂的原因是电缆表层机械强度不够。这个问题不难解决，关键的问题是怎样放大弱电信号。那时电子管还没有出现，没有电子放大电路，若不进行信号放大，用当时通用的电报终端机不可能接收到电缆终端的信号。汤姆森下定决心：一定要抓紧时间把灵敏度更高的电报机研制出来。

汤姆森把全部精力都倾注在位于格拉斯哥大学的实验室里，有很多学生给他当助手。这位年轻的物理学教授尝试了很多方案，都没有研制成功。1857 年的秋天和冬天，汤姆森是在探索中度过的。

第二年年初，一个阳光和煦的日子，汤姆森约了几个朋友到海边玩，其中就有赫尔姆霍茨。赫尔姆霍茨是德国著名的物理学家，在电学和热力学方面都有所成就。他比汤姆森大 3 岁，但他很钦佩这个才华横溢的朋友。他曾经对别人说："我站在他的身旁，常常觉得自己像一只木鸡。"这天，他们五六个人接受汤姆森的邀请来到海边，租了一条游艇。大家兴冲冲地上了船，准备开船的时候，却发现汤姆森不在了。朋友们寻找了好一阵，都没有找到他。

赫尔姆霍茨在甲板上来回踱步，另外几个人坐在一边聊天。后来，赫尔姆霍茨无意中往船舱里扫了一眼，发现汤姆森正躲在下面搞他的设计。汤姆森平时总是随身带着一个笔记本，一有什么新的科学设想，就立刻记下来。这天，他大约又有什么新的想法了。赫尔姆霍茨看见汤姆森丢下朋友们不管，觉得又好气又好笑。他从衣袋里取出一面镜子对着太阳，把阳光反射到这个"逃兵"的脸上。汤姆森正在聚精会神地画着新的电报机，忽然觉得一道刺眼的亮光在眼前晃动，他抬头看见了赫尔姆霍茨的笑脸，才知道自己冷落了朋友。

这个失礼的主人正想站起来赔不是，突然他望着赫尔姆霍茨手里的镜子直发呆，紧接着，他狂喜地喊了起来：“成啦！成啦！我的赫尔姆霍茨！”

朋友们还没有弄明白是怎么回事，汤姆森撒腿就跑回学校做实验去了。

原来，汤姆森正在为放大弱电信号的事发愁，而反光的镜子恰恰启发了他。镜子只要在手里稍微移动一点，远处的光点就会大幅度地跳动，这不就是一种放大嘛！根据这个原理，汤姆森后来发明了镜式电流计电报机，并且取得了专利。这种装置，高斯（1777—1855）和韦伯（1804—1891）也设计过，但是都没有达到能投入使用的水平。而汤姆森发明的这种电报机，灵敏度很高，给长距离电缆通信提供了实用的终端设备。

万事俱备，只欠东风。汤姆森期待着第二次出征。

破浪向前

1858年的春夏之交，大西洋海底电缆沉放工程再次启动了。怀特豪斯又拒绝了出海。汤姆森从大局出发，担任了代理电气工程师。他没有职务，没有薪金，责任却很重。

“阿伽门农号”军舰载着电缆从北美出发，横渡大西洋，汤姆森负责船上实验室的工作。不料，军舰驶入大西洋的第二天，海上突然刮起了暴风。汤姆森他们不顾危险，一边沉放电缆，一边破浪向前。大风大浪持续了整整一个星期。近2000千米长的电缆绕在甲板上，足有200多吨重，船在风浪中颠簸得很厉害，没过多久，电缆就把甲板撞击出一个大洞，海水浸入下面的电气实验室，电缆也绞在一起，不能再顺利沉放。后来，幸亏风浪平息了，船员们才腾出手把船抢修好。“阿伽门农号”在海上搏斗了一个多月，终于在8月3日驶进爱尔兰岛。当时汤姆森高兴的心情，就像他的父亲当年得知他竞选上教授一样，几乎到了狂喜的程度。

8月5日上午，电缆成功下沉。下午3点55分，汤姆森拍发了从欧洲到美洲的第一份电报。5分钟后，美洲终端收到了清晰的信号。茫茫的大西洋终于被征服了！消息传开以后，大西洋两岸的人们都欢欣鼓舞。

汤姆森为大西洋海底电缆的制造和铺设立下了不朽的功劳，受到了人们的热烈赞扬。他在海上表现出的坚定和沉着，更是赢得了很多人的尊敬。但是，他所有的工作都是义务的，没有报酬。就连电流计电报机，也是他自己花钱研制的。还有，尽管他在“阿伽门农号”上是电气工程师，但是大功告成登陆上岸以后，他的“将印”就被怀特豪斯收回去了。

狂妄自大的怀特豪斯擅自把汤姆森的电流计电报机取下来，换上了他自己设计的终端机。可是他设计的装置根本收不到弱电信号，整整一个星期，第一条大西洋海底电缆连一条消息都没有传递过。这个事件，使公司董事和英美两国舆论界大为惊奇。经过调查，才知道这是由怀特豪斯的装置引起的。公司责令他换回汤姆森的终端装置。8 月 13 日，大西洋海底电缆终于正式通报。但是怀特豪斯只换了一部分装置，英国女王拍发的一封不到 100 字的电报，竟用了 16 个多小时才传到纽芬兰岛，而对方拍回来的电报只用了 60 多分钟，因为美洲终端一直采用的是汤姆森的装置。

在铁一般的事实面前，怀特豪斯被撤了职，汤姆森被正式任命为公司的电气工程师。汤姆森为人宽宏大量，他虽然取得了胜利，却没有全盘否定怀特豪斯所做的工作，还说怀特豪斯在使公众相信大西洋海底电缆可能铺成这方面，是有贡献的。

科学的道路总是不平坦的。第一条大西洋海底电缆在使用一个月后，发生了严重的故障，信号变得模糊不清。又过了两个星期，电缆完全损坏，刚刚建立起的横跨大西洋的通信中断了。公众的反应十分强烈，社会上出现了各种各样的批评。汤姆森他们经过一番调查，发现是因为制造的电缆不合要求，绝缘层的抗腐蚀性能太差，电缆在海水里浸泡一段时间后就开始漏电，有的地方甚至已经完全断裂了。

大西洋海底电缆公司在第一条电缆的建造中，耗费了几十万英镑，最后却没有取得商业上的成功，不少股东开始打退堂鼓。汤姆森竭力游说他们：第一条海底电缆虽然寿命不长，但是它证明了长距离海底通信是完全可能实现的。总经理费尔特也主张继续干下去。这位只比汤姆森大 5 岁的美籍负责人，在整个工程中起到了中流砥柱的作用。由于公司内部意见分歧，加上资金困难，建造海底电缆的事情耽搁了很久。后来在政府的支持下，才开始制造第二条大西洋海底电缆。

通信史上的里程碑

1865年初，经过改进的第二条大西洋海底电缆制造出来了，汤姆森为它花费了不少心血。公司也吸取了第一次的教训，在制造过程中对有关技术问题都先进行实验，证明可行以后再投入生产。

当年7月，开始铺设第二条大西洋海底电缆。5年前，汤姆森滑冰摔断了左腿，行动不便，但他还是决定远航，领导施工。这次沉放电缆的“大东方号”，是一艘排水量达22000多吨的巨轮，有6根主桅杆、3个大烟囱，船身高大雄伟，比之前的“阿伽门农号”还要壮观得多。

俗话说，好事多磨。人们对这次沉放电缆寄予了很大希望，但想不到“大东方号”航行到大西洋中部的时候，电缆意外丢失了。这次不但沉放没有成功，连老本也赔上了。几年的心血付诸东流，汤姆森和同事们感到异常痛心。他们乘着空船返航的时候，每个人脸上都挂着晶莹的泪花。

这次沉放工程损失惨重，公司当年暂停了工作。同行们有的幸灾乐祸，有的表示惋惜。

一天傍晚，总经理费尔特到海边去散步。他远远望见汤姆森拄着拐杖，面对着大海，夕阳映照着他的全身，他就像一尊古铜色的雕塑。

“教授，您在想什么？”总经理走近汤姆森亲切地问。

“海底电缆！”这位从前的电气工程师凝视着大海坦率地说。

“是呀，我们已经付出了9年的代价。”费尔特感慨地说。

汤姆森转过头情绪激动地回答说：“费尔特先生，只要再造出一条电缆，我保证能够成功！”

“您有把握吗？”

“我相信大西洋阻挡不了人类的进步！”

汤姆森的精神感动了费尔特。公司鼓足勇气，决定制造第三条海底电缆。

大家又开始了紧张的奋战。

第二年春天，第三条海底电缆终于制成了。

1866年4月，“大东方号”再次起航，还是由汤姆森担任电气工程师，主持第四次电缆沉放。有志者事竟成，这次沉放很成功。6月中旬，海底电缆的终端在爱尔兰登陆，很快就同美洲进行了通信，通信的效果很好。永久性的大西洋海底电缆终于完成了，这个工程进行了将近10年！

公司受到这次成功的鼓舞，几个月后又派“大东方号”第三次出航，顺着第三次沉放电缆的路线去寻找丢失的电缆。费尔特和汤姆森两人亲自上船指挥。经过一个多月的紧张搜索，他们把断裂在大西洋中部的电缆打捞上来，然后接上一段新电缆，一直延长到纽芬兰岛。公司因祸得福，一下子拥有了两条完善的横贯大西洋的海底电缆。茨威格赞叹道：“现在，这两条电缆终于将欧洲的古老世界和美洲的新世界连接为一个共同的世界。从此刻起，地球共用一个心脏跳动，生活在地球上的人类能从这一边同时听到、看到、了解到地球的另一边正在发生的事情。”

大西洋海底电缆的铺设成功，建立了全球性的远距离通信。它和电报的发明一样，是人类通信史上一座新的里程碑。汤姆森因为开辟了大西洋海底通信，获得了很高的荣誉。1866年，他被英国政府封为爵士，1892 年又被授予“开尔文勋爵”封号。

100 多年过去了，海底电缆仍旧是国际通信的一种重要手段。

据统计，到 20 世纪 80 年代，英美两国之间每年的通话量达到两千万次，其中一半以上是通过海底电缆传送的。从这里也可以看出汤姆森当年工作的重大意义。1979 年，英美之间铺设了一条新的大西洋海底电缆，1983 年正式投入使用，耗资 1 亿英镑，由欧美 18 个国家分担。这条电缆铺成以后，可以同时进行 4000 通电话，还可以在欧美、加拿大之间进行计算机数据和电报信息的传送。

1844 年，莫尔斯在美国首次进行了长途电报通信，人类通信史揭开了新的一页。电报从此改变了世界，成为人类沟通的主要方式。

当全世界都在为电报喝彩、欢呼时，波士顿一个聋哑学校的年轻教师意识到，用电传送人的声音这个大胆的想法，也许比电报更具有挑战性，也更具有诱惑力。于是，他开始废寝忘食地进行研究。

1875 年，在莫尔斯发明电报 31 年后，世界上第一台电话原型机问世了。这台电话机的发明人，就是那位出身于语音学世家的苏格兰青年，他的名字叫亚历山大·格雷厄姆·贝尔。从语音学专家到电话发明人，贝尔究竟有着怎样鲜为人知的经历呢？

第五章 | 语音学世家

爱丁堡少年

1847 年 3 月 3 日，贝尔出生在苏格兰的爱丁堡。爱丁堡位于苏格兰中部低地的福斯湾南岸，是英国著名的文化古城，也是苏格兰的首府。新古典主义时期，爱丁堡是欧洲文化、艺术和科学的中心，有“北方雅典”之称。

作为苏格兰的古都，爱丁堡有着悠久的文化艺术传统，出过不少著名的科学家、数学家、医生和作家。说起来，贝尔和“电磁波之父”、英国大物理学家麦克斯韦是老乡。麦克斯韦也出生于爱丁堡，不过他比贝尔大 16 岁。贝尔呱呱落地的时候，麦克斯韦已经是在爱丁堡大学学报上发表论文的少年数学家了。此外，还有对数的发明人约翰·内皮尔、第一个用氯仿进行麻醉的詹姆斯·辛普森医生，都是爱丁堡人。爱丁堡籍的 3 位作家更是大名鼎鼎：一位是《福尔摩斯探案》的作家柯南·道尔；另一位是风靡全球的英国女作家 J.K. 罗琳，《哈利·波特》的第一集，就是她在爱丁堡的一家咖啡馆里写出来的；还有一位是经典儿童冒险故事《金银岛》的作者斯蒂文森。顺便提一下，中国末代皇帝溥仪的私人教师庄士敦，也出生在爱丁堡，并且毕业于爱丁堡大学。

不过，在这些爱丁堡名人中，亚历山大·格雷厄姆·贝尔的声望排在第一名。由此可见，贝尔发明的电话对世界的影响之大。

贝尔的父亲和祖父都是著名的语音学家。贝尔的祖父年轻时在苏格兰当过制鞋工人和演员，后来在苏格兰圣安德鲁斯大学任教，讲授发声法。他是贝尔家族中第一个对发声法产生兴趣的人，他在语言上的造诣很深，这也许与他的演员经历有关。在舞台上表演，为了让最后一排观众听清楚，演员一味地大喊大叫并不行，必须讲究发声的技巧。亚历山大·贝尔在舞台上演出时，声音洪亮，吐字清楚，可以让全场每一个观众都听清楚他的台词。

据说，有一次演出莎士比亚的名作《哈姆雷特》，亚历山大·贝尔扮演彷徨的哈姆雷特，在揭露篡夺王位的继父的恶行时，他对着母后痛苦地大喝道："一个杀人犯，一个恶徒，一个不及你前夫二百分之一的庸奴，一个冒充国王的丑角，一个盗国窃位的扒手，从架子上偷下那顶珍贵的王冠，塞在自己的腰包里！"他的声音震撼了全场，博得满堂喝彩。在包厢里观看演出的圣安德鲁斯大学校长，被亚历山大·贝尔的表演深深打动了，特地聘请他到学校教授发声法。所谓发声法，就是演讲的艺术。因为当时没有扬声器，演讲者要做到既不太费力，又要清晰地讲话就显得非常重要。于是亚历山大·贝尔辞去了剧团的工作，到圣安德鲁斯大学当上了语音学教师。

在教学期间，亚历山大·贝尔对语言交流障碍问题产生了兴趣，尤其在对口吃的研究方面颇有成就。后来他搬到伦敦，在伦敦创办了一所语言学校，担任校长和老师。

贝尔的父亲亚历山大·梅尔维尔·贝尔，是亚历山大·贝尔的二儿子，长大后继承父业，也是一位语音学专家，在爱丁堡大学担任语音学教授，以矫正口吃问题和传授发声方法而著称。

贝尔的祖父、父亲在聋哑人中间工作过很多年，对人体发声器官的构造、功能和人的听觉特点等都有深入的研究。贝尔的父亲还创造出一套借助手势、口型来表达思想感情的“哑语”，给聋哑人带来很大的方便。贝尔很小的时候就开始学习语言交流艺术，一家人经常在饭桌上讨论有关的内容，如元音的理论、辅音发音的方法等。贝尔生活在这样的环境里，从小受到熏陶，对语音的传递产生了浓厚的兴趣。这为他后来发明电话打下了很好的基础。

贝尔的母亲格雷斯温柔贤淑，她的父亲是英国皇家的一名军医。她自幼失聪，但聪敏好学，读了很多书籍，后来成为一名美术教师，擅长画肖像画。虽然格雷斯什么都听不见，但是钢琴却弹得很出色。她在家里负责对3个儿子进行早期的教育，包括语文、历史和数学，还教他们绘画、音乐等。贝尔在很小的时候就学会了用手势和简单的唇语与母亲交流。在母亲的影响下，贝尔很喜欢弹钢琴，对诗歌和艺术也有很浓的兴趣。

贝尔是家里的第二个儿子，名字本来叫亚历山大·贝尔，是父亲给他取的，和他祖父的名字一样。家里人都亲切地叫他“亚历克”。贝尔的哥哥名叫梅尔维尔·詹姆斯·贝尔，比他大两岁；弟弟爱德华·查尔斯·贝尔只比他小一岁。三兄弟亲密无间。

贝尔从小就表现得很有个性。有一天，父亲早年的一个学生来家里拜访。这个年轻人名叫亚历山大·格雷厄姆，他谈吐风趣，很有亲和力。贝尔很喜欢他的名字，为了显示自我独立，再加上两个兄弟的名字中间都有3个字，于是他对父亲说，要把“格雷厄姆”加在自己的名字中。从此以后，他的大名就成了亚历山大·格雷厄姆·贝尔。当然，小名还是“亚历克”。

贝尔小时候很喜欢独自待在安静的地方沉思。他常常躺在小山上布满石子的草丛中，自由地呼吸新鲜空气，望着天空中的云彩出神，幻想着能飞上蓝天。

不过，贝尔并不是神童。很多发明家在幼年时都不见得聪明过人，他们成功的秘诀在于一生勤奋。和贝尔同岁的爱迪生，刚上小学的时候每次测验成绩都是全班最差的，上了 3 个月，只得退学回家，由母亲亲自来教。贝尔比爱迪生也聪明不了多少。1858 年 10 月，11 岁的贝尔被送到爱丁堡皇家高等学校上学。他在语音学方面算个小内行，可是其他功课总是跟不上。他太淘气，太贪玩，书包里常常装着麻雀、老鼠之类的小动物。有一次，老师正在讲《圣经》，老鼠从包里钻了出来，结果教室里的同学四处躲藏，秩序大乱。

祖父的教诲

亚历山大·梅尔维尔·贝尔在大学里是一位受人尊敬的教授，在家里却是一个武断专制的父亲。他留着大胡子，看起来威风凛凛，并且从来都是说一不二。这位父亲有点像无线电发明家马可尼的父亲，对儿子特别严厉，还有点抠门，从来不主动给儿子零用钱，除非他们一便士、一便士地开口要，并且所有的花销都得报账。尽管贝尔很聪明，对所有新鲜事物都充满好奇心，在学校里他却只是一个普普通通的学生。这让父亲很不满意。老亚历山大经常教训贝尔上课时应该正襟危坐，用心听讲，下课后要规规矩矩，用心背书，这样才能当第一名。贝尔是一个有想法的孩子，他并不听从老亚历山大的说教，这导致他和父亲之间的冲突不断。

贝尔很想挣脱父亲的管制。1862 年 10 月，住在伦敦的祖父生病了，机会终于来了。贝尔主动提出要去伦敦照顾祖父，祖父也来信表示很欢迎亚历克去伦敦，父亲只好同意了。于是，年仅 15 岁的贝尔从爱丁堡乘火车南下，来到了伦敦，和祖父住在一起。贝尔后来把这件事称为自己“事业的转折点”。

就这样，贝尔来到伦敦，由亚历山大·贝尔这位语音学专家管教。这是个很有个性的倔老头，虽然已经 72 岁高龄，但他精神矍铄，说话中气很足。他很疼爱孙子，但是对他要求非常严格，教起书来就像头狮子。祖父那头花白蓬乱的头发，起初令贝尔望而生畏，后来贝尔却很喜欢他。因为祖父知识渊博，简直是一部百科全书。贝尔同他生活了一年，学到不少东西。

贝尔后来回忆说："祖父使我认识到，每个学生都应该懂得的普通功课，我却不知道，这是一种耻辱。他唤起了我努力学习的愿望。"正是这种愿望，激发贝尔踏上了探求科学真理的道路。

祖父的教诲对贝尔有很大的影响。这位老语音学家教导孙儿说："亚历克，15 岁的你已经不是小孩子了。你要学会做人，要稳重自信，做事要锲而不舍。"

"我知道了。"贝尔点点头。

祖父给贝尔买来成年人的服装，让小伙子穿上。挺括的衬衣、丝制的领结、一尘不染的皮鞋，让贝尔焕然一新。祖父还特地买了一顶礼帽给他，是当时很流行的圆筒高帽。15 岁的贝尔把帽子戴在头上，俨然一个年轻绅士。

"咱们的亚历克像个男子汉了！"祖父瞅着他，满意地笑了。

"真的呀！"贝尔一脸神气。

祖父告诉他，一个有为的年轻人，不仅要注意自己的仪态和服装，更重要的是要有学识和修养。他鼓励贝尔对自己感兴趣的学科从事严谨的研究。

“只要你钻研下去，就一定会有所发现。”祖父说。

贝尔和祖父在一起的日子，非常充实和愉快。祖孙俩无话不谈，经常在一起朗读莎士比亚的作品。在祖父的熏陶下，贝尔能背诵很多剧中人物的台词，他尤其喜欢《仲夏夜之梦》里仙王吟唱的那一段：

这一朵紫色的小花，
尚留着爱神的箭疤，
让它那灵液的力量，
渗进他眸子的中央。
当他看见她的时光，
让她显出庄严妙相，
如同金星照亮天庭，
让他向她婉转求情。
……

15岁的少年，心中朦胧地产生了爱的幻想，虽然那个“她”究竟是谁他并不知道，但那朵“紫色的小花”常常令他遐想不断。

贝尔常说和祖父在一起的那段时间，使他变成熟了，不仅表现在思想上和智慧上，而且表现在风度举止上。他的外表看上去比实际年龄要大。这个少年老成的新形象，给贝尔带来了一个意外的好处。1863年初夏，他去应聘一所寄宿学校的教师，他没有说自己才16岁，却被雇用了，其实学校里不少学生的年龄都比他大。贝尔在学校里担任音乐教师，并讲授发声法。

夏末，父亲老亚历山大来到伦敦，看到贝尔身上发生的变化，非常高兴。

“还是父亲管教有方啊！”他对自己的父亲叹服地说。

“哪里！亚历克是块璞玉，好好琢磨，将来必成大器。”亚历山大·贝尔断言。

贝尔的父亲来到伦敦，除了探望儿子，还有一个目的，就是慕名向伦敦国王学院的查尔斯·惠斯通教授请教声学方面的问题。这位惠斯通教授，就是那位和库克一起发明电报的大名鼎鼎的物理学家。1837年惠斯通教授和库克发明了五针电报机，并在英国取得了电报专利。同年，他们又铺设了不到两千米长的演示线路。五针电报机很快被应用于传送铁路信号，在英国轰动一时。

这天，老亚历山大去伦敦国王学院拜访查尔斯·惠斯通教授，他带着儿子贝尔同行。这次经历对贝尔产生了深远的影响。

惠斯通不仅是一位著名的发明家，还是一位造诣很深的声学家。惠斯通 14 岁时就到伦敦当学徒，学习乐器制造；21 岁便在伦敦开店制造乐器，同时还对声音的传播、振动等进行了一系列研究。他在研究过程中不仅发明了新乐器，还用乐器来展示声音的振动、传播等现象。早在 1821 年，惠斯通就公开演示了由一根金属丝传递远处钢琴的振动使七弦竖琴发声的现象。

惠斯通教授曾经发明了一种新奇的“说话机器”。这是一种简单的通话器，可以模拟人的声音。惠斯通教授向登门拜访的贝尔父子演示了这台老式机器的操作方法，并毫不保留地向他们提供了图纸。

贝尔对惠斯通的机器非常着迷，他的两眼闪闪发光。也许发明电话的梦想，就是在这一刻萌生的。惠斯通看出贝尔对这台机器十分专注、痴迷，不禁露出会心的微笑。

根深叶茂

贝尔在伦敦待了一年时间，1863 年 10 月随父亲回到了故乡爱丁堡。

贝尔很快就表现出搞发明创造的热情。他对惠斯通模拟人声的机器非常着迷，于是动员两个兄弟一起动手做出一台说话机器——实际上是一个简单的发音器。他们把一根粗金属管固定在木盒子里，在金属管四周塞满棉花，然后调整嘴形对着金属管吹气，它就会发出可以辨认的“妈妈”声。采用粗细不同的金属管做实验，发出的音调和内容各不相同。这个实验让贝尔明白了发声的原理。

贝尔的发明热情，还表现在其他方面。当时，他们居住的乡下有一座磨坊，用一个笨重的老式水磨磨面，平时由一个小伙子操作。后来，那个小伙子应征当兵去了，就由一个孤身老人来磨面。每逢天旱水小，水车停转，水磨不能磨面，老人就只好饿肚子。贝尔看到这种情况，很同情老人，于是约了一群少年伙伴来帮忙推磨。起初，大家都觉得有意思，但是过了几天，很多人都不干了。最后，只剩下贝尔一个人艰难地推动水磨。贝尔回到家里，每天躲在父亲的书房里翻阅图书资料，经过一个月的反复琢磨，他终于设计出一幅改良水磨的草图。几个工匠师傅看了都称赞不已，草图画得不算好，但是原理很巧妙。贝尔提出改造水磨的臼齿结构，同现在的轴承的原理有些相似。按照草图改制的水磨，连小孩子都能推得动。这样一来，不但磨坊老人摆脱了困境，全村磨面都方便多了。消息传出去以后，邻近村镇的人都赶来仿造。当时只有 16 岁的贝尔，一下子就成了同伴们心目中的英雄。

在同伴们的拥护下，贝尔组织成立了一个少年技术协会，还制定了会章，要求每个会员负责一门自己感兴趣的学科，每周演讲一次，讲个人对感兴趣的学科的研究成绩。贝尔把哥哥梅尔维尔和弟弟爱德华也拉了进来，三兄弟成了协会的骨干力量，贝尔负责语音学和生物解剖学。父亲书房顶上的阁楼成了他们的“演讲厅”。这群少年通过活动增长了知识，也闹了不少笑话。一天，有个会员在路边发现了一头死猪，心想大家平时研究的不外乎是青蛙、甲虫之类的东西，这次要是用猪来做实验，一定更有趣，于是他把死猪拖到了阁楼上。

贝尔见到小猪，如获至宝，当着全体会员开始演讲起来。他把猪的生理特点说完以后，就动手解剖。不料，这头猪已经死了好几天，内脏都腐烂了，贝尔将其解剖开，顿时臭气冲天。

会员们一个个都捂着鼻子跑了。贝尔却面不改色，一个人坚持把猪解剖完。

1864 年，贝尔的父亲总结了自己一生的工作，发明了一套表示人类发音的符号系统。用这些符号可以表示嘴唇与舌头如何配合发出特定的声音，他把这个发明命名为“可视语言”。按照这个符号系统，任何语音都可以写出来，其他人拿着写满符号的纸，也可以把这些语音精确地复述出来。

父亲让贝尔做助手，帮助他向公众展示这套符号系统。贝尔走到房间外面，请观众发出各种声音，如打喷嚏、咳嗽或哼哼哈哈等，他把这些声音用父亲发明的符号记录下来，然后走进房间，根据记录的符号丝毫不差地重复观众刚才发出的声音。观众们大为惊奇，都称赞这套系统确实很奇妙。

第二年，贝尔进入爱丁堡大学深造。这所大学是英国北部的重要学府，有不少著名学者在这里读过书，比如麦克斯韦和达尔文等。贝尔受父亲和祖父的影响，选择了语音学专业，他的出发点是想帮助聋哑人摆脱痛苦。贝尔研究语音学最后竟帮助他发明了电话，这是贝尔父子没有预料到的。

在爱丁堡大学，贝尔系统地学习和研究了人的语音、人的发声机理和声波振动原理等专业知识。语音学是一门很复杂的学问，直到 20 世纪上半叶才有成熟的理论。贝尔把所学的理论和父亲的实践经验结合起来，在语音学方面进步很快。

1867 年，20 岁的贝尔从爱丁堡大学毕业。为了继续深造，他又进入伦敦大学，还是攻读语音学。他整天忙着做实验，研究语音学，还想继续教书。

就在这时，贝尔的家里发生了一件不幸的事：他的弟弟爱德华患肺结核去世了。贝尔在日记里悲痛地写道："今天凌晨 3 时 50 分，爱德华离开了我们。他才 18 岁零 8 个月大啊！"想不到的是，两年之后，贝尔的哥哥梅尔维尔也死于同样的病症。那时肺结核在英伦三岛很猖獗，几乎像今天的癌症一样可怕。贝尔的父亲接连失去两个儿子，心有余悸。他把病因归结为英国阴冷潮湿的气候，于是决定离开爱丁堡这个伤心之地。

1870 年 7 月 21 日，老亚历山大带着全家从利物浦港启程，远渡重洋前往加拿大。8 月 1 日，贝尔一家抵达魁北克城。老亚历山大在安大略省布朗特福买下一个占地 60 亩的农场，包括一个果园。主楼是一幢两层的白色建筑，房子很大，附属建筑有马车房和鸡舍，果园里种满了苹果树和梨树。布朗特福是个偏僻小镇，和国际大都市伦敦有着天壤之别。贝尔并不愿意搬家，但他现在成了家里唯一的儿子，只能听从父母亲的决定。

刚搬到加拿大时，贝尔的情绪低落，心里很郁闷。

有一次，贝尔坐在岸边俯视着河面，父亲走到他身边问道：“亚历克，你在想什么？”

贝尔回答道：“我想，世界末日到了！”

不过，没过多久，贝尔的心情就渐渐好转。布朗特福离尼亚加拉大瀑布很近，这里环境幽美，空气清新，很适合居住；而且美国近在咫尺，站在尼亚加拉大瀑布岸上眺望，美国就在眼前。贝尔很快就适应了新环境。

事实上，这次迁居对贝尔一生的事业具有重要意义。当时美国正在进行工业革命，为发明创造提供了很好的条件。爱迪生的上千项发明和贝尔的电话，都是那个时代的产物。

年轻的贝尔到了加拿大以后，继续研究语音学，还在一所

中学里教语言课。由于才华出众，他很快就引起了专家们的重视。这时，贝尔的父亲已经成为北美闻名的语音问题专家。父子两人经常被邀请到各地演讲。贝尔也精通专业知识，年少时就有演说的经验，演讲起来一点也不比父亲逊色，很受听众欢迎。贝尔父子的名声很快传遍了大西洋西岸。

贝尔从小就对人类的语音感兴趣，后来又进行了多年的研究，因此他具有很丰富的语音学知识。当时，想发明电话的人很多，只有贝尔将电话最先发明出来，这不是偶然的。

当时，莫尔斯发明的电报已被广泛应用，成了一种新兴的通信工具。不过，电报只能传递电码，有一定的局限性。能不能再发展一步，用电流直接传递人的语音呢？这个问题引起了很多发明家、科学家的兴趣。人们苦思冥想，进行了 20 多年的探索，都没有成功，因为发明电话比发明电报困难得多。用电线传递电码，只要按规定接通和断开电流就行，可是语音是声波的振动，它怎样通过导线传送呢？几年来，贝尔一直在探索这个奇妙的问题。他家从祖辈起就研究语音，语音学是他的专业，对他来说，发明电话不只是美好的理想，也是一种义不容辞的责任。他承担着时代赋予的使命。

第六章 | 使命

为聋哑儿童上课

贝尔的父亲老亚历山大曾经在 1868 年到北美巡回演示他的“可视语言”，取得了巨大成功。比起英国人，美国人对“可视语言”更感兴趣。当时有一位名叫萨拉·富勒的女教师听了他的讲座，受到启发，第二年在波士顿开办了一所聋哑学校。萨拉·富勒出生于美国马萨诸塞州的一个农场主家庭，19 岁开始当老师，是一位很敬业的女性。

贝尔一家移民到布朗特福后，老亚历山大访问了许多城市，继续推介他的可视语言教学法，以寻求新的发展。当老亚历山大来到波士顿时，萨拉·富勒闻讯后特地找到他。富勒小姐对他说，希望在波士顿聋哑学校采用可视语言教学法。老亚历山大在给家里的信中，谈到了这件事。贝尔读了信，十分心动，立即写信给父亲，表示很愿意担任这个职位。

贝尔在信中写道：“如果父亲能为我在这个知名机构谋得一个职位讲授可视语言，我个人是十分乐意的，即便没有报酬也没关系。”

从父亲的角度来说，他希望现在唯一的儿子能跟随左右，接自己的班。但是老亚历山大最后想通了，亚历克有他自己的世界，要去实现他自己的梦想，于是，他同意了儿子的请求。

1871 年春天，贝尔离开布朗特福，乘火车来到波士顿，接受了聋哑学校的工作，每个学期的工资为 500 美元。

波士顿位于美国东北部大西洋沿岸，与纽约相距约 340 千米，建于 1630 年，是美国历史最悠久的文化名城之一，也是美国马萨诸塞州的首府和最大的城市。1871 年贝尔来到波士顿时，这里已是重要的航运港口和商贸中心。波士顿还有当时美国最大的图书馆，世界闻名的哈佛大学、麻省理工学院也在这里。

对贝尔这样一个胸怀理想、渴望进取的年轻人来说，波士顿是一个充满机遇的理想天地，他很快就适应了新环境。走在波士顿的大街上，贝尔的眼里充满了光。空气污浊的伦敦已成为遥远的记忆。

波士顿成了贝尔事业的起点，到波士顿生活也是他命运的转折点。贝尔终于脱离了父亲的庇护，展开翅膀，在自己的天空飞翔。

贝尔利用父亲的“可视语言”，结合自己的想法，在语音教学方面取得了很大成功。对聋哑儿童进行教学，当时采用的是传统的方法即手语，这种方法是用手比画，根据手势的变化模拟形象或音节以表达一定的意思。手语的种类很多，最常用的一种是在 18 世纪由法国聋哑教育家德雷佩神父创造的。手语使聋哑人之间能够相互交流，是他们主要的交流工具。

但是贝尔觉得，聋哑人只通过手语进行交流，存在着很大的局限性。因为这样一来，他们永远都被禁锢在无声世界中。贝尔认为父亲发明的“可视语言”是对手语的一大改进。用这种方法教聋哑人表述元音和辅音，他们就能和有正常听力的人进行交谈。也就是说，如果他们有正常的智力水平，就能学会说话，这样，他们就能回到有声世界中。贝尔还主张，聋哑儿童应该和普通孩子一起上学，这样他们就可以和其他孩子交流，更好地融入社会。

在波士顿聋哑学校，贝尔采用改进的可视语言教学体系进行教学，取得了很大的成功。贝尔耐心地向孩子们解释发声的原理，比如，振动是如何产生声波的，声波又是如何在有正常听力的人的耳膜上产生振动的。他让孩子们拿着一只气球，并用嘴唇贴着气球说话，这样他们就能感觉到振动。他又将孩子们的手放在自己的喉部，让他们感觉他发出不同声音时声带的振动。就这样，孩子们学会了分辨许多相似的声音，如“普”和“不”，“斯”和“兹”。

那些从来没有听到过声音的孩子，发现自己竟然也能发声说话，表达自己的心声。那些孩子的家长还曾经担心他们永远都只能在无声世界中生活了。这简直是个奇迹！

也许因为母亲是一个失聪者，贝尔从小就体会到了语音和听力障碍给人带来的痛苦，他对聋哑儿童充满了爱心。贝尔在给家里的信中写道："我的感情和同情心正一天天地被唤起，看着这些孩子不得不面对如此巨大的困难，我真为他们感到心痛。"正因为如此，每当有一个聋哑儿童学会了说话，贝尔都会欣喜若狂。学生们也非常喜欢他。

贝尔的可视语言教学法，在波士顿聋哑学校取得了巨大成功。他的名声不胫而走，很快传出了波士顿。后来，这套可视语言教学系统在北美被指定为指导聋哑儿童说话的标准方法。

1873 年，26 岁的贝尔接受聘请，担任美国波士顿大学的语音学教授。这是对他在聋哑学校的教学成就的充分认可。年轻的贝尔教授很快被公认为北美的语音专家。老亚历山大看见儿子取得的成就，感到莫大的慰藉。

不少有听力障碍的孩子的家长，慕名来找贝尔求助。在教学之余，贝尔为几个聋哑儿童充当家庭教师。其中两个学生一生的命运因此而改变：一个是乔治·桑德斯，先天性聋哑儿；另一个是15岁的少女梅布尔·哈伯德，5岁时因为患猩红热而失聪。

乔治·桑德斯的父亲托马斯·桑德斯是一个富商，家里很有钱。他安排乔治·桑德斯及其乳母搬到贝尔住所的附近居住，这样学习比较方便。经过一年的辅导和帮助，乔治·桑德斯逐渐能够阅读和发音。托马斯·桑德斯对贝尔的教学效果非常满意，请他继续做乔治·桑德斯的家教。

梅布尔·哈伯德的父亲加德纳·哈伯德是一位律师，同时是一位成功的实业家，他投资新兴的铁路建设、水和煤气行业，赚了很多钱。这位大老板还是马萨诸塞州的参议员，可以说他是北美经济飞速发展时期商界精英的代表人物。尽管事业如日中天，加德纳·哈伯德的家庭生活却并不如意。他和妻子生了3个孩子，其中2个孩子还不到1岁就夭折了，只有一个女儿活了下来，她就是梅布尔·哈伯德。不幸的是，梅布尔·哈伯德5岁时患了一次猩红热，因而失去了听力，她只能断断续续地说几句5岁前就学会的简单话语。

加德纳·哈伯德为了能让女儿得到良好的教育，不惜花费重金。为了让梅布尔开口说话，他雇用了一个家庭教师，送女儿进德国人办的聋哑学校，他甚至为女儿在家的附近专门开办了一所学校。梅布尔长得清纯美丽，聪慧过人，她的学习成绩上佳，精于唇语，不过说话仍很困难。贝尔在波士顿大学开办语音学讲座的消息传出后，15 岁的梅布尔慕名前来观摩。

那一天，贝尔照常讲他的可视语言发声法，教室里座无虚席。无意中，贝尔瞥见最后一排坐着一个穿紫衣的女孩，正全神贯注地望着讲台，那眼神贝尔似曾相识。讲座结束后，紫衣女孩静静地站在远处，待所有的听众离开之后，她羞涩地走上前来。

贝尔亲切地问她：“有什么需要我帮忙的吗？”

女孩嫣然一笑，摇摇头，然后用手语表示：“我想请你当我的老师。”

这个紫衣女孩就是梅布尔。贝尔被她的纯真打动了，当即同意收她做学生，辅导她学习说话。加德纳·哈伯德对贝尔的成就早有耳闻，听女儿回来提起此事，立即答应重金聘请贝尔做梅布尔的家庭教师。

从这天起，贝尔的命运就和梅布尔联系在一起了。当时贝尔并不知道，这个女孩日后会成为他一生中最重要的女人。

Certificate
Certificate

谐波电报

就在这时候，贝尔的兴趣开始发生转变，他从一个青年语音专家变成了热衷于研究电报新技术的发明家。在这之前，有一位名叫赫尔曼·冯·赫尔姆霍茨（1821—1894）的德国科学家，发明了一台调音器（被命名为“赫尔姆霍茨共鸣器”），可以通过电流调整音叉发出的音高。贝尔对这个发明很感兴趣，并在波士顿聋哑学校任教时就开始了声学实验研究。他对赫尔姆霍茨共鸣器很着迷，但苦于找不到详细的资料。不过，贝尔的实验都是在业余时间进行的，他白天给聋哑儿童上课，晚上在宿舍里做实验。

赫尔姆霍茨本来是学医的，当过军医，担任过解剖学和生理学教授，但他在物理学方面的造诣很深，曾经发现能量守恒定律，并预测了麦克斯韦方程组中的电磁辐射。他的两部关于光学和声学的著作《作为音乐理论的生理学基础的声觉学说》《生理光学手册》，对后世影响很大。贝尔不懂德文，他请爱丁堡大学的一位同事把赫尔姆霍茨关于共鸣器的文章译成英文，读后很受启发。一个用谐波传送多条电报的设想，在他的脑海里逐渐形成。

有一天，贝尔无意中向哈伯德透露了这个想法。

那是一个月光皎洁的夜晚，贝尔给梅布尔上完课，在哈伯德家的客厅里弹钢琴。他先弹了一曲贝多芬的《月光奏鸣曲》，优雅的琴声和意境令人陶醉。一曲终了，贝尔用钢琴向梅布尔的父亲展示不同琴键的音高使音调发生了变化。这位身兼律师，宽额头，戴着一副圆框眼镜，留着托尔斯泰式的美髯的投资人的反应很平淡。

“这有什么用呢？”他不解地问。

“这里面藏着奥秘。”贝尔说。

“喔，贝尔教授，有什么奥秘啊？”哈伯德好奇地问。

贝尔停止摆弄琴键回答道：“不同的琴键，敲击不同的钢丝，能够发出不同频率的音调，而这些不同音调的组合，可以构成人间最美妙的音乐。”

贝尔接着说：“上帝不仅创造了贝多芬的《月光曲》，还创造了莫尔斯的电报奇迹……”说到这里，他话锋一转，“可是在每一个时间点上，一条电报线路只能传递一条消息，所以在电报局里经常可以看见要拍电报的人排着长龙。”

哈伯德的眼睛一亮，贝尔的话激起了他的兴趣。19 世纪 70 年代，美国的经济繁荣和铁路有着密切联系，和火车同样重要的是铁路旁的电报线。生意要成功，迅捷的通信是关键。当时美国的传播巨头——西部联合电报公司几乎垄断了北美的电报业务，该公司的总裁威廉·奥顿曾说过，电报已经成为“商务的神经系统”。听说这位奥顿总裁正在寻找新的技术手段，想用一条电报线路在同一时间发送多条电报。

哈伯德给贝尔递上一杯咖啡，示意他继续说下去。

贝尔接过咖啡，坐在沙发上。他喝了一口香浓的咖啡，兴致盎然地向哈伯德解释：几条不同的电报，可以用一组协调的但不同的频率——一个频率传送一条消息——同时传送出去。贝尔称它为“谐波电报”。

“啊，‘谐波电报’，这个想法很妙！”

哈伯德很欣赏贝尔的创意。作为一个有公众意识的实业家，哈伯德一直在试图说服议会，与西部联合电报公司竞争。他认为西部联合电报公司利用自己的垄断地位，一直维持电报的高价，阻碍了电报的发展。他主张建立一个采用新技术的竞争性服务体系，将邮局作为收发报的基地，这样可以大大降低电报的使用价格，使发电报就像寄信一样便宜。如果贝尔的想法可行，他的主张就能够实现。

“你有兴趣专门搞谐波电报研究吗？”他问贝尔。

“我关注电报已经很久了，但搞研究需要一定的条件。”贝尔实话实说。因为购置设备、租用场地、购买实验材料，需要一大笔经费。

“这个不成问题，资金问题我来解决。”哈伯德当场表态。

接下来，哈伯德说服了乔治·桑德斯的父亲一起来做贝尔的资助人。没有财力支撑，任何发明家都难以成功。幸运的是，贝尔遇到了两位贵人。这两位大亨都是他的聋哑学生的家长，说起来也是一种缘分。

贝尔充分利用这个机会。在加德纳·哈伯德和托马斯·桑德斯的资助下，贝尔把他租的小居室改造成了实验室，开始试着设计他所谓的谐波电报。简陋的长条桌上摆着台灯、笔记本和各种器材，靠墙立着一排木架。透过实验室的窗户，可以望见街区的屋顶。

究竟能不能设计出可以同时传递多条信息的电报呢？在小实验室里，贝尔经常工作到深夜，他是试图寻找这个答案的众多研究者之一。贝尔获悉，几乎在同一时间，青年发明家爱迪生也在进行着类似的实验。电报师出身的爱迪生与贝尔同岁，在 22 岁时就担任了纽约一家黄金行情信息公司的总技师，是个电报技术高手。贝尔产生了一种强烈的紧迫感。

贝尔面临着巨大的挑战，他毅然辞去波士顿大学语音学教授的职务，专心做起实验来。

有一天，贝尔参观麻省理工学院举办的一个展览会，看到一个法国人发明的“声波记振器”。它通过一张膜来传递声音，把声音记录在烟熏的玻璃上。这个仪器的实用价值很低，但是贝尔对它潜在的价值很着迷。

贝尔开始考虑一个更重要的问题：人类的声音是否也能通过电线来传送呢？

夏天来了，为了躲避波士顿的酷暑，贝尔回到了安大略省布朗特福的家中。他让一位做医生的朋友给他搞到一块耳骨，他用这个耳骨做成了模拟的声波记振器。当贝尔用这个简陋的仪器研究声音的特性时，他发现只需要很小的能量就能够放大人的声音，这意味着人的声音是可以放大的。在他的草图里，贝尔记录了发明过程中的重大突破。

1874 年 9 月，贝尔开始构思电话。他意识到，用电传送人的声音这个大胆的想法，也许比谐波电报更具挑战性，也更具诱惑力。

但是贝尔的计划并没有得到支持。当他回到波士顿时，他的主要资助人加德纳·哈伯德要求他继续研究谐波电报。哈伯德知道他们在进行一场赛跑。他听说一个名叫伊莱沙·格林的发明家也在研究一种能同时发送多条电报的技术，而且哈伯德担心，他的对手西部联合电报公司的总裁威廉·奥顿会抢先一步掌握该技术。

贝尔也听说了伊莱沙·格林正在进行和自己类似的实验，他意识到这是一场挑战。他在给朋友的一封信中写道："这是一次并驾齐驱的较量，就看我和伊莱沙·格林哪个能先完成仪器的设计。"

贝尔觉得，在电子技术方面，伊莱沙·格林无疑居于领先地位，但是他——亚历山大·格雷厄姆·贝尔却在语音学上具有优势。两人可以说是势均力敌，就看最后谁先完成设计、拿出样机了！

了不起的理想

为了加快研究谐波电报的进度，哈伯德雇用了一个训练有素的电工给贝尔当助手。这个小伙子名叫托马斯·沃森，刚满20岁，技术熟练，工作踏实。对贝尔来说，这不啻雪中送炭。因为研究电话或谐波电报，不但要有懂制作的人，而且进行送话、收听实验，也必须要两个人合作才行。贝尔正缺一个得力助手。沃森对他来说很重要，因为沃森可以把他的设计制作出来。两人的合作很融洽。沃森对贝尔的理想坚信不疑，表示一定会全力相助。沃森后来果然履行诺言，始终不渝，并成为贝尔终生的朋友。

近郊公寓里那间灰尘满地、拥挤闷热的小屋，成了他们两个人的实验室兼卧室。两个年轻人整天将自己关在屋子里，一边研究电声转换原理，一边设计实用的机器。贝尔一有新的构思，沃森马上就去制造。沃森生怕不能圆满完成贝尔苦心设计的方案，干得很卖力。科学发明与文学创作一样，也要进行艰苦的劳动。贝尔研制的电话是从来没有过的东西，没有什么实物可以参考，只能反复实验，从失败中积累经验。贝尔绞尽脑汁，做梦都在想着电话设计。有时，半夜灵感来了，他就立刻起床画图，沃森也紧密配合，照图制造，两个人一直干到天亮。

研究进展到一定的程度，贝尔和哈伯德、桑德斯就可能出现的问题签署了一份简单的合作协议。协议明确规定，贝尔进行研究的实验费用，由哈伯德和桑德斯资助，两位资助人还负责专利的申请事宜。如果贝尔获得发明专利，作为回报，哈伯德和桑德斯将分享部分利润。这个协议保证了发明家和资助人各自的权益。

哈伯德继续就电报研究对贝尔和沃森施加压力。但是，贝尔和沃森对电话的发明更加着迷，他们的坚持终于得到了回报。

有一天，一次偶然的实验启发了贝尔。

当时，贝尔正在研究一种实用的可视语言。按照他的设想，要在纸上复制出声波的振动，好让聋哑人从波形曲线中看出“话”来。由于识别曲线很不容易，所以他的设想没有实现。但是，贝尔在实验中却意外地发现了一个有趣的现象：在电流导通和截止的时候，螺旋线圈发出了噪声，就像发送莫尔斯电码时产生的嘀嗒声一样。

这个细节，一般人是不会留意的，而贝尔是个有心人，他重复进行了许多次实验，发现每次都有这个现象。一个大胆的设想在贝尔的脑海里出现了：如果能够用电流强度的变化模拟出声波的变化，那么用电流传送语音的想法不就能够实现了吗？这个设想后来成了贝尔设计电话的理论基础。贝尔的发现，看起来是偶然的，但实际上是长期实验的结果。

年轻的贝尔兴冲冲地把自己的想法告诉了电学界的几位学者。他很有信心地说："我相信这是可以办到的，我一定要找出办法来！"可是听者都不以为意，有的只是付诸一笑，有的则不置可否地耸耸肩。一个好心的学者劝他说："你之所以产生这种幻想，是因为缺少电学常识。你要是多读两本电学入门书籍，利用导线传送声波的妄想，自然就会消失了。"

贝尔虽然碰了钉子，但他一点儿也没有泄气。他想，要是莫尔斯还活着（这位大发明家 3 年前刚去世），一定会支持我的。他决心动身前往华盛顿，向约瑟・亨利请教。

有意思的是，当年莫尔斯就是得到亨利的指点才脱颖而出，夺得了电报发明的桂冠。如今，贝尔也要向这位美国的科学泰斗求教。

亨利是电学史上的一位传奇人物。如同前文所说，他曾经同法拉第几乎同时各自独立地发现了电磁感应现象。亨利发明过摆动式直流电动机、继电器，同时还是电报发明的先驱者，是世界上第一个把电信号传到 1.6 千米之外的人。莫尔斯的电报机就是根据他提出的原理发明的。亨利为人谦虚，不重名利。他一生有很多发明，却不愿申请专利，许多本来应该由他享有的荣誉，他都让给了别人。在相当长的时间里，欧洲和美国的人都不知道他是谁。后来人们才发现，他的伟大不在法拉第之下。为了纪念他的卓越贡献，1893 年，在美国芝加哥举行的国际电学大会上，决定在实用单位制中，用他的名字“亨利”作为电感的单位。亨利于 1846 年担任美国史密斯研究院秘书和首任院长，1867 年被选为美国国家科学院院长，在科学界很有威望。

贝尔去拜见这位大科学家的时候，亨利已经 77 岁了。

1875 年 3 月的一天午后，天空飘着细雨。一个头发黝黑的青年来到亨利的寓所，他就是刚下火车的贝尔。老科学家当时正在午睡，贝尔不愿打扰他，就站在细雨中静静地等候。两个小时后，老人醒来，年轻人的外衣已经湿透了。这位科学界的老前辈从来没有见过贝尔，但是对贝尔一家以及他们的可视语言教学法早有耳闻，老人很客气地接待了来访的青年。

贝尔向亨利讲述了他的发现，并且详细介绍了自己用电传送语音的设想，由于兴奋，他的两眼闪闪发光。亨利被年轻人的热情感动了。

贝尔讲完以后，怀着紧张的心情问亨利："先生，您看我该怎么办呢？是发表我的设想，让别人去干呢？还是我自己努力去实现呢？"

"你有一个了不起的理想，贝尔，干吧！"亨利慈爱地回答他。

"可是，先生，我在制作方面遇到了许多困难。而更困难的是，我没有专门学过电学。"

"掌握它！"这位大科学家斩钉截铁地说。

这句话对贝尔有很大的影响。很多年以后，贝尔还是这样认为："没有这句令人鼓舞的话，我肯定是发明不了电话的。"

这确实是肺腑之言。在科学史上，有不少像亨利这样胸怀大略的老将，为后来的人开辟了道路。戴维提携法拉第，第谷（1546—1601）把凝结了毕生心血的天文资料赠给开普勒（1571—1630），亨斯洛（1796—1861）教授对达尔文的尽心培养，都是科学史上老一辈大师关怀新秀的范例。正是这样，法拉第、开普勒、达尔文才能够"青出于蓝而胜于蓝"。一年之后，1876 年 6 月 25 日，贝尔的实验电话在费城的博览会上展出时，亨利对贝尔的发明

给予了高度的肯定。

亨利的鼓励，贝尔终生都难以忘记。

第七章 | "沃森，快过来！"

第一部电话原型机

贝尔回到波士顿，遵照亨利的指示，像莫尔斯当年那样专心致志地学习电学知识。他一边和沃森研制谐波电报，一边恶补电学专业知识。贝尔这时 28 岁，精力充沛，刻苦用功，再加上做聋哑教学实验时接触过电磁器械，所以没用多久他就收到了显著的效果。在谐波电报的研制过程中，贝尔没有忘记发明电话的梦想。发明电话，需要有丰富的语音学知识和电学知识。贝尔在语音学方面根底深厚，现在又掌握了电学知识，就像插上了双翅，可以凌空高飞了。

贝尔和沃森夜以继日地工作着，他们究竟试过多少个方案，失败过多少次，已经无法统计。但是重要的设想和研究进展情况，贝尔都在实验笔记里进行了详细记录。

1875 年春天，贝尔和沃森已经完善了谐波电报的设计，并准备向专利局申报专利。虽然设计的样机性能还不是很可靠，离投入使用还有一段距离，但他们的设计建立在正确的原理上，有家电报公司已经表示对样机的进一步开发有兴趣。

正在这个时候，一个意外的突破改变了贝尔的命运，也改写了电话发明史的历程。

谐波电报的原理，是在发报机和收报机两端设置若干对金属簧片，每一对金属簧片可以调到不同的音高。多条消息可以通过一条导线同时在各对金属簧片之间传送，但收报机中的簧片，只会对发报机中接通电流的相同音高的簧片做出反应。为了避免不同簧片之间发生干扰或操作人员做错动作，各簧片的音高必须有较大的差异。只要做到这一点，从理论上讲，用一条导线就能传送和簧片对数一样多的电报，因此谐波电报又称多工电报。

1875 年 6 月 2 日，贝尔和沃森正埋头测试谐波电报的原型机，3 对收发报的簧片中有 1 对出现了故障。发报机和收报机分别放置在 2 个房间里，中间通过一条铜导线连接，沃森负责发报，贝尔则守在收报机旁。在实验时，操作发报机的沃森发现有一个簧片被卡住了。

他大声向隔壁屋的贝尔报告说：“有个簧片被卡住了。”

“把它松开试试。”贝尔指示。

沃森试图把这个簧片拨开，但未能成功。沃森小心翼翼地用力，簧片终于弹开了，发出了震颤的响声。就在这一刻，隔壁屋的收报机所对应的簧片也震颤起来，发出声响。

贝尔惊奇不已。这意味着声音可以通过电流形式传送，并在接收端转化成声音！贝尔让沃森与他互换位置，又试了一次，也得到了同样的结果。发报端簧片震颤的响声，通过电流的传送在接收端再现，而且听到的声音比贝尔所期望的还要清晰。贝尔由此断定，他的装置有能力传播像人类发音一样复杂的声音，而不只是他起初设想的传播简单、纯粹的音乐声调。

这不就是梦寐以求的电话吗！

当微弱的声音通过导线传过来的时候，贝尔记下了这一重要日期：1875年6月2日。贝尔意识到，梦想的成功就在眼前。

接下来，贝尔和沃森根据谐波电报收发报器的原理，对装置做了重大改造，制成了第一部电话原型机。为了能够传送人的语音，贝尔决定用振动膜取代金属簧片，他的想法是振动膜对声音的反应更灵敏，传播声音的效果会更好。

贝尔画了一幅草图交给沃森，沃森连夜制成了一台粗糙的样机。贝尔的设计是这样的：在一个圆筒底部蒙上一张羊皮纸薄膜，薄膜中央垂直连接一根金属杆，人讲话的时候薄膜受到振动，金属杆与感应线圈的距离时近时远，感应电流随之变化也有强有弱，接收端利用电磁原理把电信号复原成声音，这样就实现了用电流传递声波。这个人类历史上的第一部电话原型机有一个结实的木质支架，因为造型笨重，后来被戏称为“绞刑架模型”。这个称谓有点儿黑色幽默，但它是贝尔发明电话的第一次尝试，是全世界所有电话的“老祖宗”。其实，只要仔细端详就能发觉，这个“绞刑架模型”的造型，有一种质朴的粗犷美。

为了验证机器的效果，贝尔和沃森把导线从一个房间架到另一个房间。

实验开始了，贝尔和沃森轮流对着装置说话，但它只能发送和接收一些微弱的声音，而且听起来非常模糊。由于羊皮纸有吸水性，没过多久，吸足了水分的羊皮纸由原来绷紧的鼓状变得瘫软，声音的质量变得更差。贝尔和沃森对着装置大声呼喊，他们听到的声音不是从墙壁传来的，就是从房顶传来的，机器却毫无反应。他们一连试了几天，好心的邻居们都默默地忍受着他们的大喊大叫，直到他们的嗓子都喊哑了，通话还是没有成功。

两位发明家有点失望。一年多来，他们废寝忘食，耗尽心血，造出来的电话竟是个不争气的“哑巴”！

为什么会失败呢？贝尔苦苦思索着。是设计不对，还是制作有误？难道用电流传递人的声音本来就不可行吗？

爱神的箭疤

面对失败，贝尔有些沮丧，沃森也累病了。电话的研制工作一度中断。就在这个时候，贝尔还受到了爱情的折磨。

几个月以来，贝尔意识到自己爱上了失聪的学生——17岁的梅布尔·哈伯德，他的资助人的女儿。这也许是一种缘分。两年前，梅布尔慕名前来听语音讲座时，她的清纯美丽和聪慧过人就打动了贝尔。

那个身穿紫衣的女孩，唤醒了贝尔年少时朦胧的情思，莫非她就是那朵令他魂牵梦绕的“紫色的小花”？贝尔不敢相信这是真的。

自从当了梅布尔的家庭教师，《仲夏夜之梦》里仙王吟唱的那段小诗，就常常在他的耳畔回荡。

这一朵紫色的小花，尚留着爱神的箭疤，
让它那灵液的力量，渗进他眸子的中央。
当他看见她的时光，让她显出庄严妙相，
如同金星照亮天庭，让他向她婉转求情。
……

贝尔每个星期都去哈伯德家几次，向哈伯德汇报研究工作的进展情况，同时教梅布尔说话。每次梅布尔看见他都会含羞一笑，眼睛里流露出惊喜。

贝尔尽心尽力地教梅布尔发音、吐词、说话，梅布尔学得很认真，进步很快。虽然她的嗓音柔细，发音也不标准，但听起来却有一种别样的感觉。贝尔和她常常有一种心有灵犀的感觉。在贝尔眼里，她的一颦一笑，都是那样高雅、那样迷人。

梅布尔天真、活泼，还不懂得什么是爱情。在贝尔的眼里，她就像天使一样美丽，又像天使一样纯真。

终于有一天，贝尔发现自己坠入了爱河。

贝尔在给母亲的信中流露出对梅布尔炽热的感情。他写道：“我发现自己对那个可爱的学生的爱……非常、非常深……我已经知道如何去爱她了。”

贝尔鼓足勇气，告诉加德纳·哈伯德自己喜欢梅布尔。

“哈伯德先生，我真心地爱梅布尔，我想娶她。”

“这不可能，”哈伯德断然拒绝，“她是我们哈伯德家的千金，你拿什么娶她呢？”

“我有一颗炽热的心，还有一双勤劳的手。”贝尔真诚地说。

“可是你没有财富，也没有地位，甚至连一纸发明专利都没有拿到，”哈伯德毫不客气地说，“你拿什么养活你的新娘？”

贝尔黯然无语。他满怀希望能得到梅布尔父亲的同意，没有想到却遭到了拒绝。哈伯德虽然赏识贝尔的发明才干，但这和选女婿是两码事。梅布尔是哈伯德夫妇唯一的女儿，是他们的掌上明珠。哈伯德希望女儿的婚姻门当户对，而贝尔这样一个穷发明家是远远不够格的。

哈伯德的拒绝，几乎令贝尔崩溃。

梅布尔的母亲对贝尔很有好感，觉得他沉稳可靠，有绅士风度。但她认为贝尔和梅布尔年龄相差太大，也反对这桩婚事。原来在梅布尔母亲的眼里，贝尔至少有三十八九岁了。因为贝尔老成稳重，加上他那标志性的络腮胡，看上去确实像个成熟的中年男人。

贝尔向她解释说：“我今年才 28 岁，只比梅布尔大 11 岁。”

“哦，你今年才 28 岁？这是风华正茂的年龄呢。”

“是的，我是 1847 年 3 月 3 日在苏格兰爱丁堡出生的，有出生证为证，”贝尔坦诚地说，“我会好好照顾梅布尔一辈子的。”

梅布尔的母亲没有吭声。

看到梅布尔的母亲半信半疑的神态，贝尔做出了一个惊人之举，他剃光了脸上的络腮胡，把头发也剪短了，以新的形象再次登门拜访。梅布尔的母亲看见他的模样，眼睛一亮，这才相信了贝尔的实际年龄，并且为小伙子的真诚感动。

看到贝尔一副破釜沉舟的傻样，梅布尔躲在屏风后忍俊不禁。

等贝尔告辞后，母亲用手语问梅布尔：“你爱他吗？”

梅布尔的脸蓦然红了，她咬着嘴唇，摇摇头，然后又点点头。

梅布尔的母亲顿时明白了。

虽然遭到梅布尔父亲的反对，但贝尔并没有退缩。他热烈地追求梅布尔，因为他认定，不管怎么样，他一定要娶她。

哈伯德竭力遏制贝尔的激情，告诫他不要忘记工作，并且要求他克制对自己女儿的感情。他让贝尔把注意力放到电话的研究上去，并集中精力搞谐波电报。

一有难得的空闲时间，贝尔就去找梅布尔。据沃森的回忆录的记载，有一天晚上，他看见贝尔和梅布尔走在波士顿的大街上。他们走得很快，从一个路灯下走到另一个路灯下。在每个路灯下，他们都要停下来，贝尔对着梅布尔说话，梅布尔则借助灯光看贝尔的唇语。沃森被这动人的一幕吸引住了，他伫立在暗处，看着这一切。

贝尔和梅布尔继续向前走，梅布尔在黑暗中对贝尔说着话。

到下一个路灯下，他们停下来，贝尔再回答她的话。两人的脸上洋溢着心照不宣的喜悦。

沃森写道："我当时从心里觉得，他们真是天生的一对！"

贝尔用行动证明了他是一位绅士。他对梅布尔的爱百折不挠，尽管贝尔看起来成不了富翁，加德纳·哈伯德还是让步了。1875 年 11 月 25 日感恩节这一天，贝尔和梅布尔订了婚。这一天正好是梅布尔的 18 岁生日。哈伯德夫妇向两个人表示了衷心的祝福。真是精诚所至，金石为开。

当天晚上，贝尔激动地写信给梅布尔："我不敢入睡，担心自己会发现这是一场梦，所以我清醒地躺着，心里想着你。"

梅布尔支持她的未婚夫回到他热衷的电话研究上去。节日过后，贝尔又投入紧张忙碌的研究工作中。他在给父母亲的信中描述了自己的状态："我四处奔忙，自己还没有察觉，一天就结束了！波士顿大学、谐波电报、梅布尔、改进样机，占据了我的每一分钟，我安排不过来，只能听任自己去做……有太多艰难的工作等着我去完成。"

难忘的时刻

在冬日的长夜里，贝尔和沃森改进着他们的技术。他们的技术已经可以申请专利了，但是贝尔还想做进一步的完善。

早春时节，春寒料峭。前一天波士顿突降瑞雪，地上铺满了柔软的积雪。

夜幕降临。在波士顿法院街 109 号租用宿舍的顶楼上，贝尔望着窗外闪烁的繁星，眼前浮现出亨利亲切的面孔，他仿佛又听到了老科学家坚定的声音：“你有一个了不起的理想，贝尔，干吧！”

可是，贝尔的电话研究仍然处于“难产”中。

“突破口在哪里呢？”贝尔苦苦思索着。

为了克服膜片遇潮变形的问题，贝尔和沃森曾把羊皮纸膜换成金属膜片，但仍然达不到预想的效果。

贝尔正在锁眉沉思，忽然听到沃森在背后呼唤他：“先生，您听！”

贝尔转过头，困惑地望着助手。沃森用手指着窗外，神色惊喜地又说：“先生，您听！”

窗外隐隐地传来一阵吉他的声音，那叮叮咚咚的声响，像山泉在夜空里荡漾。贝尔屏气凝神，静静地听着，顿时豁然开朗。他跳起来朝青年技师猛击一拳说："有啦！有啦！沃森，你真行呀！"

贝尔从吉他的声音联想到了泉水。他想，如果在金属膜片中央垂直连接一根炭杆，插在用水稀释过的硫酸液里，人讲话的时候，膜片振动，炭杆同硫酸液的接触处的电阻发生变化，线圈里的电流就会随之发生变化，有强有弱，接收端利用电磁原理就能把声音再现出来。

他把自己的设想告诉了沃森，沃森听了很兴奋。

"对呀，咱们就用硫酸液来试一试！"

原来，金属膜片虽然结实，但它比羊皮纸厚且硬，对声音振动的反应会变得迟钝。这导致他们的送话器和受话器灵敏度都太低，所以声音微弱，很难辨别。

吉他的声音启发了聪明的贝尔。贝尔马上设计出了一幅草图。两个人一齐动手，连夜赶制，等新样机做好，天已经亮了。他们只吃了几片面包，又接着改装机器。两个年轻人一连忙了两天两夜，到第三天傍晚，机器终于改装好了。新样机的结构有了重大调整，它比第一台"绞刑架模型"精致多了，造型也更接近现在的电话。贝尔和沃森累得筋疲力尽，脸上却满是兴奋的神色。

两人都感到曙光就在眼前！

就在贝尔的研究工作取得突破性进展的时候，哈伯德听说伊莱沙·格林在公开讨论用电传递声音的设想。他的商业直觉告诉他，伊莱沙·格林很有可能捷足先登。

当听说格林到专利局去打听的消息，哈伯德断然采取了行动。

1876年2月14日早晨，哈伯德没有告诉贝尔，就只身前往华盛顿，向美国专利局申请了电话专利。戏剧性的是，两小时后格林也向美国专利局提交了电话专利的申请。格林的图纸也呈现了对电话的构想，和贝尔提出的原理几乎如出一辙。

显然贝尔走在了前面！但是，技术完善的竞争仍在继续。

3月3日，贝尔满29岁了。他的电话专利在3月7日获得通过，其专利号为174465。这是美国专利史上最有价值的专利之一。

3月10日，贝尔和沃森正在测试样机。他们架好了导线。贝尔在放置发送端的屋里，关严了门窗。沃森在隔壁房间里，把受话器紧紧贴在耳边。准备完毕，贝尔一面调整机器，一面对着送话器呼唤起来。

沃森屏息静气地听着，受话器里的声音起初细若游丝，后来突然清晰地传出贝尔的喊声：“沃森先生，快过来，我需要你！”

原来贝尔在操作机器的时候，不小心把一滴硫酸溅到腿上，由于疼痛，他情不自禁地对着话筒呼唤求助。这是人类通过电话传送的第一句话！

沃森听到后惊喜万分，急忙呼叫贝尔的名字：“贝尔！我听见了！听见了！”这时候两人欣喜若狂，大喊起来，谁也分不清对方和自己喊的是什么。

沃森推开房门，向贝尔的房间奔去。两个战友在小屋里拥抱，热泪盈眶地喊着对方的名字。

贝尔在笔记里记下了这难忘的一天：1876 年 3 月 10 日。当时贝尔 29 岁，沃森 22 岁，两个敢想敢干的青年，克服重重困难，终于把电话制作出来了。梦想变成了现实。他们勇敢创新的精神，直到今天还激励着很多有志于发明的年轻人。但在那时，除了贝尔和沃森，没有人看好电话的未来。

当天夜里，贝尔怀着激动的心情给母亲写信，信中写道：“今天对我来说是个重要的日子。我们的理想终于实现了！我觉得，就像把自来水和煤气送到各家一样，把电话安到每家每户的日子就要到来了，朋友们不用离开家就可以互相交谈啦！”

第八章 | 传遍全球

不知疲倦的宣传家

贝尔趁热打铁，对样机进行了改进。贝尔渴望看到人们对电话的反应，于是决定向公众演示他的成果。几年以前，贝尔展示父亲的可视语言教学法时所积累的才能，在这里得到了充分的发挥。他不愧是一个优秀的演讲者。当贝尔走进房间，即使观众不知道他的身份，他的风度和气派也会让人觉得站在面前的是一个不寻常的人物。贝尔和沃森当众演示了他们的样机。当听见话音通过导线从话筒传到听筒处，观众们大为震惊。不过，并没有多少人看好电话的前景。

贝尔又回到安大略省布朗特福，在那里进行了一次展示。父亲老亚历山大对这个新发明大为赞赏，这对贝尔是很大的鼓励。

贝尔本以为电话一定会被人们争着买去使用。不料，人们由于受习惯的影响，对电话这项新发明抱着怀疑、观望的态度。

事实使贝尔很快明白了：发明电话只是成功的一半，要让电话被社会承认，还必须经过一场艰苦奋斗。

1876 年 5 月，贝尔在美国艺术与科学院的会议上首次展示了他的电话发明，引起了学术界的关注。

一个月后，也就是1876年6月，费城正好在举行世界博览会。贝尔认为这是一次难得的宣传机会。

贝尔和沃森赶到费城，在博览会上表演用电话通话。开始，他们的电话被陈列在教育厅出口处的一个角落里，一连几天都没有人理睬。评审员也不把电话放在眼里。

6月25日，有一组身份显赫的贵宾来博览会参观。他们当中有巴西帝国皇帝佩德罗二世，还有著名的英国科学家威廉·汤姆森爵士、美国科学界的泰斗约瑟·亨利等人。

巴西皇帝佩德罗二世以前曾经听过贝尔的语音学演讲。他看见电话以后，很感兴趣。贝尔请贵宾们围坐成一圈，由哈伯德负责主持，贝尔负责做演示，沃森给他当助手。

贝尔对着话筒朗诵了莎士比亚《哈姆雷特》里著名的台词“生存还是死亡”。佩德罗二世从听筒里听到贝尔的话音，惊奇地对左右的人说：“我的天，这钢铁的玩意儿竟会说话！”第二天，巴西皇帝的话被登载在费城的各家报纸上，被炒得沸沸扬扬。

威廉·汤姆森爵士把听筒举到耳边，令他大吃一惊的是，他听到了一段乡村音乐，然后是贝尔的问话：“您知道我在说什么吗？”

汤姆森回答说："简直不可思议，这是最美妙的事情！"

亨利看见一年前登门求教的年轻人成功地研制出了电话，也非常高兴。他拍着贝尔的肩膀说："小伙子，功夫不负有心人哦！"

贝尔感激地说："我永远不会忘记您的指教！"

贝尔的电话发明在博览会上引起了轰动，这也引起了评审员的重视。第二天，贝尔的电话就被搬到博览会最引人注目的地方，成了重点展览品。参观者络绎不绝，都对这一发明大加称赞。

费城博览会结束后，荷兰《自然》杂志发表文章说："在所有这些发明中，有一件发明不但给博览会增色不少，而且为美国确立了伟大发明家诞生地的地位。那一件简单的仪器，发明人亚历山大·格雷厄姆·贝尔将其称为电话，这是他第一次公开展示这项发明。当人们得知电话会说话，而且说得几乎和人一样好，即使隔着一段距离，仍然能传出可辨的说话声时，它的名声就像野火一样传开了。"这家科学杂志的评论，是颇具前瞻性的。

而一般的公众，并没有认识到电话的价值。在一般人眼里，电话不过是新奇、有趣的玩具，贝尔和沃森只是两个高级的魔术演员。公众会这样以为，一是因为大家当时还没有用电话通话的概念；二是因为贝尔和沃森展示的电话，通话距离只有一百来步远，对于用电话进行远距离通话的可能性，不论发明家怎样讲解，人们都是不信的。

这次博览会，贝尔的电话在世人面前露面，引起了世界的关注。贝尔深深认识到，要推广电话，不但要提升机器性能，而且需要大张旗鼓地进行宣传。贝尔大概是美国第一位认识到科普宣传的重要性的发明家。

贝尔和沃森回到波士顿，再一次对电话机做了改进，并利用各种场合宣传电话的原理和应用前景。

10 月，贝尔从沃森以前的老板查尔斯·威廉斯的店铺到家里，架设了第一条电话线，距离有 8 千米长。这是世界上第一条室外电话线，也是第一条投入使用的电话线，通话的声音非常清晰。贝尔在给梅布尔的信中描述了查尔斯·威廉斯打电话时的情景："那天下午我走进他的经理室时，他正用电话和妻子聊天，看起来他非常高兴。"

几个月后，贝尔和沃森在马萨诸塞州塞勒姆做了一次长距离的通话展示。贝尔在塞勒姆当众演示电话的使用方法，沃森在 23 千米以外的波士顿接电话。他俩在电话中唱歌、对话，并首次通过电话传送当地新闻。贝尔事后给梅布尔描述当时的情景说："当我把嘴凑近话筒的时候，观众的反应好似他们的身体通过了一阵电流，仿佛他们突然认识到电话是什么！"

第二天，《波士顿环球报》上刊登了这则新闻并配上了醒目的标题："电话传送——通过电线以人的语音发送的第一条新闻"。北美的各家报纸都转载了这篇报道，引起了强烈的反响。贝尔很快就闻名全世界了。

成功就在眼前。电话开始逐渐走入人们的生活。

1877 年 7 月 9 日，贝尔电话公司成立。贝尔和他的资助人加德纳・哈伯德、托马斯・桑德斯，还有助手沃森，成为公司的股东。哈伯德和桑德斯负责公司的运营管理，包括电话的制造和销售。贝尔则不参与具体经营，他对经商兴趣不大，并认为这不是自己的长项。电话事业蒸蒸日上，贝尔在经济上已经能够独立了。

在公司成立的第三天，7 月 11 日，贝尔和他相爱的梅布尔结婚了，沃森是他的伴郎。这时贝尔 30 岁，正是而立之年，梅布尔 19 岁，两个有情人终成眷属。

8月，这对新人到英国去度蜜月。他们游览了伦敦和爱丁堡，梅布尔对苏格兰的风光感到很新奇。贝尔应英国皇室的邀请，给维多利亚女王做了一次电话演示。女王在日记里称赞电话机“奇妙绝伦”。

对贝尔和梅布尔来说，他们旅途当中最快乐的事，是他们的第一个孩子于 1878 年 5 月 8 日出生，这就是他们的女儿埃尔西。

颂歌

度完蜜月回到波士顿，贝尔在波士顿和纽约之间进行了首次长途电话实验，两地相距约 340 千米。

这次实验和 33 年前莫尔斯在华盛顿到巴尔的摩进行的电报实验一样，取得了很大的成功。不过两次实验的风格很不一样：莫尔斯那次实验，带有浓厚的剪彩气氛；贝尔他们举行的，却是一场戏剧性的科普宣传会。贝尔在纽约，沃森在波士顿，两个地方同时举行电话演讲，互相通话，也欢迎两地的听众试讲试听，宣传会上听众们自由交谈，气氛很活跃。

按照原计划，贝尔和沃森两人各聘请了一名歌手，实验到高潮的时候，要用电话传播民歌。但是事到临头，却出了问题。原来，沃森聘请的歌手突然听到话筒里传来贝尔的声音，大吃一惊，竟然唱不出歌来。贝尔急中生智，在电话里叫沃森出马。当时有几百名女学生前来参观，其中有个金发少女自告奋勇，愿意帮助青年技师操作电话。沃森从来没有当众唱过歌，现在要当着一群陌生少女的面引吭高歌，实在有些难为情。沃森满脸通红，鼓足勇气唱了出来，电话里顿时传出欢呼声和掌声，实验获得了极大的成功。

第二天，波士顿一家报纸用头条新闻报道了这次实验，并且发表评论说：“这项发明，有一天可能使长途电信业务完全改变！”

就在这个时候，贝尔的电话发明专利引起了争议，贝尔被紧急召到华盛顿。对贝尔的专利提出质疑的不是别人，正是那个因比贝尔晚两小时申报专利而被淘汰出局的伊莱沙·格林。而在伊莱沙·格林的背后，是实力雄厚的西部联合电报公司。自 1876 年贝尔的发明被应用以来，电话的用量急剧增长，到 19 世纪 70 年代末，第一本电话号码簿出现了，电话开始被用于商务。电信巨头西部联合电报公司意识到，电话将给他们的电报通信造成冲击，公司总裁威廉姆·奥顿召集谋士商量对策，最后策划了由发明家伊莱沙·格林出面，对贝尔的专利提出质疑这一出。

这场挑战对贝尔来说，是难以想象的。发明电话是他的梦想和一生的事业，他曾为此勤奋工作，无数次独自面对实验的失败。没有想到，这项伟大的发明却给他带来了很多麻烦，而贝尔也不得不面对这些麻烦，他面临着其他发明家难以想象的挑战。贝尔在给一位朋友的信里感叹道：“一个人从发明中获得的名望越大，他成为全世界的攻击对象的可能性也越大。”

屈服不是贝尔的天性，更何况他了解发明的全过程，他必须捍卫自己的权益。由于大部分的诉讼发生在华盛顿，贝尔一家决定搬到那里，贝尔一次又一次被传唤到法庭作证。他找到了最早的记录，包括他最初的构想、草图，还有后来每一次重要实验的笔记。这些手稿成了重要的证据。这场诉讼成了美国专利史上历时最长的专利诉讼案。证据已经足够多了。如果有人质疑贝尔的电话不是他自己发明的，而是剽窃了格林的，那么贝尔按时间顺序记录下来的发明过程则驳斥了这样的说法。这场诉讼中最重要的证据是伊莱沙·格林寄给贝尔的信。伊莱沙·格林在信中称赞贝尔是“了不起的电话发明家”。这封信证实，贝尔是电话的发明人。在法庭上，贝尔的律师出示了这封信的原件。格林不得不对自己的律师说：“我必须承认，这是我写的，你可以绝对相信。”

随着电话技术的改进，又出现了其他的专利纠纷，包括爱迪生改进的炭精式送话器，但是贝尔最终也赢得了这场争论。贝尔电话公司和西部电报联合公司后来达成和解。双方约定，西部电报联合公司放弃开发电话业务。贝尔电话公司因采用爱迪生的炭精式送话器的技术，愿将贝尔电话公司进款的 20% 作为回报支付给爱迪生，直到贝尔的专利权期满。随着专利权的明确，贝尔电话公司在哈伯德和桑德斯的得力管理下发展迅速。

为了扩大影响、进一步推广电话业务，贝尔和沃森在美国各大城市东奔西走，进行巡回表演。他们是发明家，也是不屈不挠的科普宣传家。没有他们坚持不懈的宣传，电话是不可能那样快就普及的！发明创造因为不被人们理解而遭到埋没的例子，在历史上屡见不鲜。在贝尔发明电话的前几年，有一位名叫勒斯的德国学者就曾经制成了与贝尔的电话类似的一种装置，可以传送音乐，但是因为宣传没有跟上，一直湮没无闻。这说明，科普宣传是多么重要！

波士顿那家报纸的预言应验了，人们多年来关于“顺风耳”的幻想实现了！电话很快在北美各大城市流行起来。到 1877 年 6 月底，已经有 230 部电话投入使用。在接下来的两个月中，又有 1000 多部电话开始为人们服务。到 1880 年，美国投入使用的电话机已经有 4.8 万部。

在电话发明 5 周年的纪念日，贝尔和沃森望着布满全城的电话线，无限感慨。贝尔学着 5 年前那天晚上青年技师的语调轻轻地说：“沃森，你听！仔细听！”

沃森侧耳倾听，两眼望着贝尔。

贝尔的眼睛里闪耀着光芒，激动地说：“这电话的响声真像一曲颂歌啊！”

“这歌声永远不会停止啦！”年轻的技师笑着说。

“对！因为这是对生活和对斗争的颂歌，而生活和斗争是永远不会停止的。那飞越蓝天的铜线，正在把生和死、成功和失败的消息，从一个地方传到另一个地方，传遍全球。”

在之后的岁月里，贝尔目睹了电话进入人们的生活，普及全球。

到1890年，电话已经非常普及。它不可避免地遭到了非议。据美国历史频道传记片《贝尔》所述，记录在案的一个投诉是，投诉人说他花了一个星期的时间才弄懂了一句仅20个字的对话。这个投诉人是马克·吐温。

马克·吐温的投诉对贝尔一家没有什么影响。他们在诺瓦斯科舍的家里建立了自己的天堂。虽然他们在投机商抬高股价之前卖掉了很多的股份，贝尔的发明还是给他们带来了大约100万美元的净资产（这在当时是一笔很大的财富）。家里由梅布尔理财，他们是好搭档。

贝尔将除了电话公司以外的所有资产都转到了妻子的名下。他说：“老婆，你来管吧！我要把时间用来研究我感兴趣的项目。”

1892 年 10 月 18 日是历史性的一天。这一天，贝尔主持了纽约和芝加哥之间的长途通话典礼。这时的电话和在费城博览会上展出的最早样机相比，已有了明显的改进。

1915 年 1 月 25 日，贝尔建立了第一条横贯北美洲大陆的电话线。贝尔在纽约，电话的另一端是他的老朋友沃森——他正在大陆另一端的旧金山，两地相距约 5000 千米。在这历史性的一刻，沃森听到贝尔说："沃森先生，马上过来吧！有事！"沃森回答说："好的，我立刻就去，可是需要一个礼拜的时间呢！"

到 20 世纪 20 年代，贝尔的电话普及工作彻底完成了。他的发明已经成了人们生活的一部分，电话把全美国联系起来了。贝尔这时已经 70 多岁了，他受到人们的尊重，成了那个时代世界闻名的发明家，并获得了无数的奖章和荣誉。

在那个小实验室里发明电话的 40 多年后，贝尔看到电话成了人们日常生活中必需的一部分，他感到莫大的荣幸。

100 多年以后的今天，电话成了人们日常生活中不可缺少的通信工具。随着生产技术的发展，电话取得了惊人的发展。新的产品不断涌现，给电信事业开辟了广阔的前景，也改变了世界的发展历程。尤其是智能手机，已经成为人们通信交流和日常生活不可缺少的工具了。

1925年，贝尔电话公司设立了贝尔电话研究所（现称贝尔实验室）。贝尔实验室成立90多年来，共取得2.5万多项技术专利，平均每个工作日获得3项多专利，并且获得了8项诺贝尔奖（其中7项诺贝尔物理学奖、1项诺贝尔化学奖），其中还有不少重大发现和发明，如相片传真机（1925年）、晶体管（1947年）、通信理论（1948年）、硅集成电路（1955年）、激光理论（1958年）、可视电话的相关方案（1964年）、磁泡器件（1970年）、光缆通信（1976年）等，对电子工业和其他科学技术领域都产生了重大的影响。

贝尔发明的电话早被送进了博物馆，但是人们永远不会忘记他发明电话的功绩。

壮心不已

仅凭电话这一项发明，贝尔就足以名垂千古，进入影响世界的伟人之列。但有趣的是，贝尔本人对发明电话显得并不在意。当年他在填写职业表格时，只字不提电话的发明，写下的仅仅是“教育聋哑人”的事业。

贝尔从来不以电话发明者自居，这颇有点意味深长。

贝尔的一个重孙在接受美国历史频道记者的采访时曾说：“我对曾祖父贝尔的看法和一般人不一样。人们仅把他看成是电话的发明者，而我认为他是聋哑教育家，一个热衷于教育听力缺陷者的人。”

的确，贝尔一生都热衷于教育有听说障碍的人。这和他从小受到的家庭熏陶以及祖父、父亲事业的传承有很大的关系。他挚爱的母亲和心爱的妻子都是有听力障碍的人，这也使贝尔对听障者怀有一种特殊的爱心。

虽然教育有听说障碍的人是一项艰难的工作，有时甚至是徒劳的，但是贝尔做得很成功，也许是因为他有一些特别的技巧。贝尔认为，聋哑儿童应该和普通的孩子一起上学，这样他们可以和其他孩子交流，更好地融入社会。这个观点是正确的。

为了证明自己的理论，贝尔在华盛顿开设了一所聋哑学校，推广他的教学方法。遗憾的是，由于找不到足够称职的老师，两年后学校关闭。贝尔写道，这是他一生中感到最失败的经历。

贝尔一生都致力于帮助听力有缺陷的人。为此，他于1890年发起成立了美国聋人语言教育促进协会（又称亚历山大·格雷厄姆·贝尔协会）。这个协会为聋哑人提供帮助，做了很多事情，直到今天仍发展得很好。贝尔还为大名鼎鼎的海伦·凯勒提供过帮助。海伦·凯勒小时候脾气不好，很难管教，但贝尔觉得海伦·凯勒很聪明，对她有信心，希望她能成为对社会有用的人。贝尔请了安妮·沙利文老师辅导海伦·凯勒，当海伦·凯勒和贝尔在一起的时候，他们用手语进行交流。

海伦·凯勒没有让贝尔失望，她以自强不息的顽强毅力，在安妮·沙利文老师的帮助下，掌握了英语、法语、德语、拉丁语和希腊语 5 种语言，撰写了一系列著作，如《假如给我三天光明》《我的生活》《我的老师》等，成为美国著名的女作家、教育家和社会活动家，并致力于发展残疾人事业。海伦·凯勒被美国《时代周刊》评为“二十世纪美国十大偶像”之一，并荣获“总统自由勋章”等奖项。海伦·凯勒在书里写道：“当贝尔先生把聋哑儿抱在怀里的时候，他最快乐。”

贝尔很喜欢和孩子们在一起。他对孩子的领悟力非常感兴趣，经常说孩子的天性是好奇。有一次，贝尔正在实验场地工作，一群孩子围着他提问。一个工人走来想把孩子们赶走，他制止说：“等一等，你可不要小看孩子提出来的问题。孩子是用最纯真的眼光来看这个世界的。”

不幸的是，贝尔和梅布尔经历了丧子的悲痛。1880 年，贝尔和梅布尔的第二个女儿玛丽安诞生了。但在 1881 年，他

们的第一个儿子爱德华出生之后不幸夭折了。第二个儿子罗伯特于 1883 年出生，却患有先天性呼吸道疾病。贝尔曾经目睹两个兄弟先后死去而无能为力，现在他又一次感到绝望，他的儿子勇敢地和死神做斗争，但最终还是夭折了。

贝尔的个人悲剧，促使他发明了真空服，以帮助有呼吸障碍的人。虽然这项发明对他的儿子来说已经太晚了，但贝尔的发明成了人工呼吸器的前身。

作为一位天才发明家，贝尔的后半生都是在发明创造中度过的。他壮心不已，敢想敢干，在多个领域做出了开创性的贡献，包括金属探测仪、光通信、水翼艇、载人滑翔机等。媒体评论他说："亚历山大·格雷厄姆·贝尔执意要去那些仅仅在脑子里想象过的地方。"贝尔说："不管你是给他很多财富还是夺走他的一切，发明家都会继续埋头于发明创造。他无法不去发明，就像他无法不思考或不呼吸一样。"其实，贝尔就是这样的发明家。

1881 年 9 月，美国新任总统詹姆斯·加菲尔德在华盛顿遇刺。麻烦的是，医生们找不到子弹碎片的准确位置，无奈之下他们找到了贝尔。贝尔加班加点地工作，研究探测金属的技术。几个星期之后，贝尔和他的同事成功地发明了一种金属探测仪。这种仪器可以透过人体找到金属的具体位置，可惜加菲尔德总统已经太虚弱了，最终未能得救。但贝尔发明的金属探测仪在后来起到了很大的作用。

贝尔还提出了可以通过光线来传递声音的想法，这就是“光电话”。

早在1880年，贝尔在给父亲的信中就谈到了光电话的构想：“你能想象出这个发明将来会是什么样吗？我们不需要任何导线就可以通过光在任何可见的距离内进行交谈。在战争中，军队使用这种电子通信既不会被切断，也不会被截取。在普通科学中，用光电话将获得许多现在还想象不到的好处……闪烁的星星可以通过特殊的声音来辨认，太阳上的风暴和黑子也将被观察到。”

1881年，贝尔发表了一篇论文——《关于利用光线进行声音的产生和复制》，披露了他关于光电话装置的构想。贝尔对此非常着迷，他甚至想给二女儿取名为“光音机”，但是梅布尔不赞成，说这个名字太古怪了，还是叫玛丽安好。贝尔富有想象力，常有灵感忽至，但他绝不是个空想家。经过长时间的研究，贝尔试制成功了用光束传送声音的仪器。他使用光束在两座建筑物之间进行了声音信号的传递，不过传送的距离没有超过 230 米。贝尔认为这是他最为重要的发明，他始终坚信光电话的可能性。那时候，激光和光纤都还没有发明。贝尔的光电话实验虽然由于技术条件所限，在 1897 年中止了，但他是现代光通信的先驱。

贝尔先后在华盛顿和加拿大新斯科舍省的巴德克镇各建造了一所实验室，进行他的各项发明实验。1880 年，法国政府因贝尔发明电话的成就，授予了他伏打奖（奖金为 5 万法郎）和法国荣誉勋位勋章。贝尔用此奖金在华盛顿建立了一座伏打实验室，开始了“光电话”的研究。

1887 年，贝尔用他的硬蜡留声机改良了爱迪生的留声机，使唱片能够录下更好的声音。留声机是爱迪生在 1877 年发明的，这个“会说话的机器”当时轰动了全世界。爱迪生的早期录音机是用一个锡箔圆筒进行录音的，转动几次后锡箔就会损坏。而贝尔的硬蜡圆筒却可以反复使用。

除此之外，贝尔在航空领域也是一位开拓者。也许因为发明电话的名气太大，许多人都不知道，贝尔还是一位卓越的飞机设计师。

除了参加一些重要的仪式（比如 1892 年芝加哥至纽约的第一次长途通话）之外，贝尔不大顾及电话的发展。巴德克的景色宜人，贝尔很喜欢这个地方，它使贝尔想起了苏格兰。贝尔因长期紧张的研究而疲惫的身心，在巴德克可以暂时得到休息。贝尔还养了很多马，他最喜欢的一匹名叫“冠军”。贝尔骑在马上，拍一下掌，“冠军”就载着他去实验室；拍两下掌，“冠军”就载着他回家。他很喜欢骑在马背上思考问题。

在小憩时，贝尔很喜欢看科幻小说。读了法国作家凡尔纳的《海底两万里》《气球上的五星期》，贝尔又开始考虑太空旅行和水下探险。

他儿时头脑里的幻想，这时又开始蠢蠢欲动，那就是飞上蓝天。

贝尔的兴趣转移到了风筝上，他利用风筝来学习空气动力学。有一段时间他相信人能够飞。贝尔有关飞行器的想法，和航空先驱者塞缪尔·皮尔庞特·兰利一致。每次贝尔到了华盛顿，他们两个人就会在一起研究模型，就他们的发现发表论文。

几乎在同一时间，莱特兄弟也在试制能载人的飞行器。1899 年，莱特兄弟模仿盒子的形状，造出了一只双层大风筝，但是不能载人。1902 年，莱特兄弟成功地进行了滑翔机试飞。在征服天空的尝试中，贝尔受到了莱特兄弟的激励。1907 年，贝尔的梦想首次成为现实。他召集了 4 个有着同样激情的年轻工程师共同研制飞行器，他们成立了航空实验协会。贝尔很注重飞行中的安全，因此他设计了一种三角形的大风筝，贝尔认为这是比较安全的。

研制小组试制的第一个载人飞行设备，是一个叫塞格尼特的大风筝。风筝刚腾空就坠落了，所幸没有人员受伤。工程师们向贝尔表示，他们会努力把飞行设备制作得更好。贝尔把他的想法画出来，设计小组再努力把他的想法变成现实。

他们设计的第一架飞机“红翅膀”，是以机身上的红丝绸而命名的。1908 年 3 月 12 日进行了试飞。当年莱特兄弟的飞机试飞是悄悄进行的，但贝尔邀请了观众来看他们的第一次试飞。“红翅膀”在空中成功地飞行了 100 米。第二次试飞时，“红翅膀”坠落了。他们又造了一架“白翅膀”，这架飞机代表了贝尔对人类航空事业的贡献。贝尔团队首次设计了副翼，以使飞行更加平稳。“白翅膀”飞到了 300 米的高空，然后掉了下来。

1908 年，贝尔团队设计的“六月飞虫”和“银镖”试飞成功。这些飞机安有方向舵和 3 个滑翔轮，这是人类航空发展史上的重要一步。

贝尔倡导人人都要对世界有更多的了解。1888 年，贝尔成为美国国家地理学会的创始成员之一。他以实际行动拯救了他的岳父加德纳·哈伯德的出版物《国家地理》杂志。贝尔从财力上给予岳父支持，并且聘用大女儿埃尔西的丈夫吉尔伯特·格罗夫纳作为第一任编辑。贝尔意识到地理学的重要性，他有一句广为传诵的名言："地理是世界，一切尽在其中。"

在贝尔的支持下，美国国家地理协会不仅坚持了下来，而且成了第一个由杂志支持的国家社团，出版杂志所获的利润被用来支持探险者。和文字相比，贝尔认为图片更重要。在贝尔的倡导下，《国家地理》以刊登精美的图片为亮点，从而形成了该杂志独特的风格，尽管这与他女婿的意见相左。当时在菲律宾，许多妇女是裸露上身的，杂志上刊登了一些图片展示这些裸露上身的妇女。这种做法很大胆，但贝尔对此表示支持，他认为重要的是向人们展示真实的世界。100 多年来，《国家地理》保持了这一传统，这使该杂志能够长盛不衰。如今，《国家地理》已经成为广为人知的一本杂志，它融合了历史、文学、科学和人类学，评论家称它使地球更像是一个生动而有活力的村落。

值得一提的是，贝尔还于 1882 年资助了《科学》杂志，致力于科普宣传。贝尔陆续为这份期刊投入 10 万美元。到 1900 年，美国科学促进会将《科学》杂志确定为该协会的会刊。

晚年，贝尔发明创造的热情仍然不减。除了众多开创性的发明，他还研制了水翼艇，打破了水上航行速度的世界纪录。他还设计了最早的空调系统，甚至培育出一个高繁殖率的绵羊新品种。他将自己生命的最后几年用于研制救生艇上配备的便携式海水淡化器。在他去世前几个月，他还参加了巴哈马群岛的水下探险。

1922 年 8 月 2 日，贝尔在加拿大逝世，享年 75 岁。

在贝尔弥留之际，梅布尔一直守在他的身边。8 月 4 日，贝尔的葬礼在巴德克举行。当灵柩下葬时，美国和加拿大的全部电话系统中断一分钟，向贝尔致以最后的敬意。几个月后，梅布尔也离开了人世，和贝尔葬在一起。

最后，让我用美国历史频道传记片《贝尔》的一段旁白，作为本部分的结束语：

贝尔的故事很多，我们几乎不能想象，如果没有他的发明，这个世界会是怎么样的。贝尔的后代继续成功地发展着国家地理学会。在贝尔实验室里，他超前的构想如今已发展为光通信，它贯通全球，成了贝尔的电话的一部分。

第九章 | 鸿鹄之志

少年的梦

1888年8月13日，贝尔德出生在苏格兰格拉斯哥郊区的一个牧师家庭。他出生于电子科技史上很有名的一年——德国科学家赫兹在这一年发现了电磁波，轰动了整个物理学界。

不过，贝尔德来到人间的情景，却带有一丝悲剧色彩。他先天不足，生下来不足5磅（1磅相当于0.45千克）重，躺在襁褓里，像一只被剥了皮的小兔子。接生的大夫断定他最多只能活一个星期。

家里人都对他能活下来失去了信心。可是，他却奇迹般地活了下来，后来又奇迹般地发明了电视。

贝尔德全名为约翰·罗杰·贝尔德，他是家里的第四个孩子，他有两个姐姐和一个哥哥。父亲名叫约翰·贝尔德，性情严肃古板，母亲杰西是位大家闺秀，对孩子们很慈爱，她的父亲是格拉斯哥一个富有的造船主。贝尔德的童年是郁郁寡欢的。他瘦小孱弱，经常生病，父亲对他的管教却很严。从出世的那天起，他的未来似乎就注定充满了磨难和坎坷。

父亲不喜欢这个儿子，小贝尔德却有自己的天地。他富有想象力，好摆弄机械。在上小学时，他就对发明创造情有独钟。

10 岁时，为了探究时针“走路”的秘密，他把家里的一座旧钟拆得七零八落，结果被父亲狠狠地揍了一顿。

这一年，贝尔德被送进拉知菲学校读书。贝尔德的拉丁文和希腊文成绩很不错，但他对物理学和数学更感兴趣。这所中学很重视体育，运动场上的优胜者是大家心中的偶像。孩子们争强好胜，就像一群好斗的小公鸡。每场比赛下来，“小公鸡”

们都要用冷水冲凉，仿佛举行一场隆重的仪式。

贝尔德虽然身体瘦弱，但也深受鼓舞，时常参加这个“落汤鸡”仪式，经常搞得自己全身发抖、喷嚏不止。贝尔德在成名后接受一家报纸采访时曾抱怨说：“我觉得妨碍我工作的多数疾病，都是我学生时代洗了过多的凉水澡所致。那些冰冷的水毁掉了我本来就很虚弱的身体。”

尽管身体并不强壮，贝尔德却很喜欢冒险，时常搞点惊人之举。12 岁时，他和伙伴用帆布、木条做成一架滑翔机。两人大胆地爬上屋顶，拽着机身俯冲而下，结果滑翔机撞在草地上，贝尔德被摔得鼻青脸肿。

贝尔德很爱看书，他尤其喜欢读英国作家乔治·威尔斯的科幻小说，诸如 1895 年出版的《时间机器》、1897 年出版的《隐形人》等。这些作品给少年贝尔德留下了深刻的印象，也对他产生了重大影响。到了中学高年级时，贝尔德成了电子爱好者，他的创造才能开始显露出来。有一次，他和同学打赌自己能制成一部电话机。当时电话刚刚进入人们的生活，还是很稀奇的东西。伙伴们都不相信，以为他在吹牛。半个月后，贝尔德竟然真的把电话机造成了，材料是从废物堆里捡来的，样子自然不太雅观。大伙儿看见他捧出一个傻大粗笨的家伙，“哄”地一下笑了。贝尔德红着脸，把一个安有磁铁线包的罐头筒扣在一个伙伴的耳廓上，对着另一个用漏斗做的话筒小声说道：“听见了吗？我是发明家贝尔德！我是发明家贝尔德！”

那个伙伴果然听到了话音，脸上露出了惊喜之色。

大家一拥而上，都争着试听。后来，他们嫌房间太小，索性找来一长段电线架在房外，相隔几幢房子，叽里呱啦地通起话来，玩得十分开心。

电线架在街边的树上。过了几天，一阵大风把电线刮断了。恰好有一驾装潢富丽的马车从树下驶过，电线落下缠住了马腿，车子斜撞在路灯柱上，车夫的脸都吓白了。马车里坐着一个留着络腮胡的绅士，名叫赛布里，是个很有钱的绅士。他以为这是电话公司干的，就怒气冲冲地找到电话局，要求经理赔礼道歉。经理听他讲完，觉得莫名其妙，因为电话局根本没在马车经过的街区架线。双方争执不下，于是派人前往出事地点调查，最后查出“罪魁祸首”原来是一个中学生。赛布里打量着贝尔德，后者完全还是个孩子：身材精瘦精瘦的，一双眸子很机灵，苍白的圆脸透着稚气。他非常惊讶，不但没有责备贝尔德，反而从衣袋里掏出几个英镑作为电线的赔偿。

“小家伙，将来准备干什么呀？”

“我想发明电视。”

“嗬！电视？祝你走运……”

马车消失在街道尽头，碎石路上留下一串“嘚嘚嘚”的马蹄声。包括这位绅士在内，当时一般人都不知道“电视”是什么玩意儿。“电视”只是一个神奇的幻想、一个美丽的梦。

造福人类的战歌

1906年，18岁的贝尔德中学毕业后，考进格拉斯哥和西苏格兰技术学院，学习电气工程。按照正常的进度，就读4年他就应该能拿到电气工程的学历证书了。可是贝尔德因为体弱多病，经常缺课，他断断续续读了8年才毕业。1914年，26岁的贝尔德终于拿到了电气工程的毕业证书，并获得了电气工程学会会员资格。

之后，贝尔德进入格拉斯哥大学就读，毕业后到了一家公司的工厂上班。他起早摸黑，工作很努力，再加上懂电机，不久便当上了助理工程师。工作之余，他经常跑到图书馆，收集电学方面的各种资料，为实现少年时代的梦想做准备。小伙子聪明伶俐，待人诚恳，同事们都很喜欢他。意想不到的是，他刚刚踏上锦绣之路，却不幸大病了一场。他在家里躺了两个星期，待病愈去上班时，公司告知他，他被解雇了。这意外的打击使他很沮丧。

后来，贝尔德进了另一家电力公司。这时，第一次世界大战爆发了。贝尔德在一个朋友的怂恿下前去报名从军，幻想在战场上建功立业。可是招兵军官见他一副病恹恹的样子，没有要他。当将军的梦破灭了，贝尔德又重新回到电力公司。战争时期，供电紧张，工作异常繁重。贝尔德累得精疲力竭，后来又病倒了，他不得不回到乡下休养。后来，病虽然好了，但他又失业了。

贝尔德不甘寂寞，心中充满了发明“电视”的梦想。为了谋生和筹集研制经费，他开始做生意。遗憾的是，他是一个蹩脚的商人，厄运一直伴随着他。他卖过自己编织的袜子，推销过蜂蜜，还搞过一阵肥皂制造，可惜都以破产告终。最不幸的是，他的身体太糟了，几年间竟大病了 5 场。他的青春年华几乎有一半是在病床上消磨掉的。医生曾两次警告他必须绝对静养。事业、理想、功名，年轻人的勃勃雄心，都成了镜中月水中花。他躺在病床上，望着白色的天花板，心中充满了说不出的苦闷和惆怅。

儿时的场景在他的脑际萦绕着——

“我想发明电视！”

“嗬！电视？祝你走运……”

可是岁月蹉跎，一转眼他已经三十出头了。他想起一位大诗人所咏叹的诗歌，心中不禁百感交集。

我要唱的歌，
直到今天还没有唱出。
每天我总在乐器上调理弦索。
时间还没有到来，
歌词也未曾填好；
只有愿望的痛苦在我心中。
……

在希望中，1921年的春天来到了。贝尔德的身体有了好转。遵照医生的劝告，他到南方的海滨城市黑斯廷斯居住了一段时间。那里气候温暖，空气湿润，有充足的阳光，对他恢复健康大有裨益。一天，他在海滩上散步，大海蓝得耀眼。忽然，一艘洁白的游艇从远方驶来，映着阳光，像一支银色的箭。

“是马可尼的‘埃莱特拉号’！”

有人喊了一声，海滩上的游客一齐欢呼起来。

只见一位有学者风度的中年人站在船舷上，向海滩上的游客频频挥手致意。他就是马可尼——闻名全球的无线电发明家！这艘游艇是他的浮动实验室。贝尔德出神地望着桅杆上纵横交错的天线，仿佛看见了电波正从这里传到全世界。在这一刹那，他的理想之火被重新点燃了。既然马可尼能够远距离发射和接收无线电波，那么发射图像也应该是可能的。

“马可尼原来也是个业余爱好者，他能成功，我为什么不能？”他暗暗发誓要把电视研究出来，为无线电的“空中王国”增添一颗绚丽的明珠。

第二天，贝尔德离开了疗养胜地，怀着一个神圣的使命赶到了伦敦，他的生命从此揭开了新的一页。几个月后，他终于调好弦索，高声唱起那支之前没有唱出的歌……

这是一支追求科学、造福人类的战歌。

前人的脚印

发明电视比起发明电话来，要复杂和艰巨得多。因为电话传递的是语音，仅仅是声波的振动；而电视传递的却是瞬息万变的图像，是微妙的光影变化，信息量起码要比语音高出一个数量级。

在贝尔德还没有出生时，就有人探寻发明电视的途径了。他们进行了许多开拓性的研究，研究中遇到的最大困难，是如何把景物图像分成许多像素，再将这些像素逐一转换成电信号。他们绞尽脑汁，也没有找到可行的办法，研究因此搁浅了。

1873 年，学者们发现硒的光电导效应。这一重要发现，给发明电视带来了曙光。

硒元素是瑞典化学家贝采利乌斯在 1817 年发现的，起初只被用来制造玫瑰色玻璃。过了 5 年，人们才发现它有特殊的性能：在黑暗中硒不导电，一旦有光照则导电，而且光照越强，导电性越强。聪明的研究者立即意识到，可不可以利用硒的这种特性实现光（像素）电的转换呢？1875 年，一位名叫卡锐的科学家提出用硒片传送图像的设想。他认为，可以将一幅照片看作许多亮点与阴影的组合，如果将一束光射到照片上，并移动光束扫遍照片的各个部分，照片的明暗变化反射到靠近照片的硒感光片上，就变成了强弱不同的电流信号。有两个发明家根据他的设想，用 64 个硒电池制成了一个方格盘，作为感光片。他们用这种方格盘成功地发送了简单的固定画面。发明家们受到了极大的鼓舞，仿佛胜利已经不远了。

事实上，问题远不止这么简单。电视必须在每秒钟里传递几十个连续的动作。卡锐的方案只能传送固定的画面，而且图像也很模糊（仅有 64 个像素）。还有一个最麻烦的问题是，这套装置的收发之间要连接 64 根导线，若要增加像素，连线数目也必须相应增加，这实际上很难实现。研究又陷入“束手无策”的境地，徘徊了将近 10 年。

1884 年，德国青年工程师保罗·尼普科夫想出了一个巧妙的方法。他提出不必同时传送全部像素，可以依次“扫描”画面，逐一地发送像素，这样收发之间只用一根导线就行了。为了实现自己的设想，尼普科夫发明了一种扫描盘，后人称其为“尼普科夫圆盘”。这种圆盘上面钻了一圈排列成螺旋形的小孔。图像反射的光线透过小孔，照到光电转换器上，变成电流。圆盘旋转时，图像画面就被分解成许多像素，依照顺序转换成电信号，接收端用一个同步旋转的圆盘接收器就能把图像重现出来。尼普科夫的装置实际上就是电视机的雏形，只不过它很原始。

1884年尼普科夫申请“尼普科夫圆盘”专利时，年仅24岁。受当时技术条件的限制，尼普科夫制作出来的样机比较粗笨，图像传送的效果很差。虽然离投入使用还有遥远的距离，但它被公认为是解决电视机械式扫描问题的经典方法，在电视发展史上占有重要地位。

之后20年间，尽管各国都在秘密地进行实验，但均没有突破性进展，电视研究工作停滞不前。尼普科夫未能完成自己的研究就离开了人世，他的装置最终也没有走出实验室。

贝尔德详细地研究了前人走过的路，决定在尼普科夫发明的基础上，开始自己的实验。

第十章 | 奋斗与成功

鸡窝里的金凤凰

贝尔德来到伦敦，在一家小店的二楼租了一间小屋。房间很狭窄，窗户很小，透过窗户只能望见一小块蓝天。贝尔德节衣缩食，在这间小屋里苦战了几个寒暑。他没有固定的职业，收入菲薄，买不起昂贵的器材。他的实验设备非常简陋：机座是一个废旧的茶叶箱，投射灯装在一个空饼干筒里，透光镜是只值几便士的便宜货，扫描盘则是用马粪纸剪制的……利用这些处理品和代用品，贝尔德竟然组装出了世界上第一台机械式扫描电视。

1924 年秋天，他获得了初步的成果。第一次传送的图像是一朵十字花图案。电视摄像机和接收机相距只有 1 米多远，中间用一根导线相连。收发两端的扫描盘用电动机带动，并保持同步运行。虽然复现的影像很模糊，忽隐忽现，但大体可以辨别出花瓣的轮廓。

贝尔德非常兴奋，他跑到一家报社，邀请记者去参观他的样机。

“先生，我发明了电视！你们能来现场采访吗？”他手拿着帽子，怯生生地问。

一位油光满面的编辑抬起头来，从头到脚地打量贝尔德。他见来人穿着裂口的皮鞋，衣服又脏又破，一副苍白的面孔，眼睛里闪烁着梦一般的光芒，心想这准是一个狂人。

“电视？本报不刊登天方夜谭。”

“我真的发明了电视！可以传送十字花图案。”贝尔德解释道。

“哈哈，十字花！为什么你不能传送一张活人的脸呢？”编辑挖苦道。编辑室里的人顿时哄然大笑。

贝尔德怏怏地走出报社，刚下台阶，忽然听见背后有人叫道：“先生，请等等！”

他回头看见一个年轻记者从后面追上来，步履矫健，脸上透着红光。

“我叫威尔斯，是报社的见习记者，可以去瞧瞧你的发明吗？”他刚才一直待在编辑室里，对贝尔德的话产生了兴趣。

“当然欢迎！”贝尔德喜出望外。

在那间只能望见一小块蓝天的小屋里，见习记者观看了贝尔德的演示。实验设备的简陋和实验的成功都令他非常惊讶。威尔斯为发明家的精神所感动，特地写了一篇现场报道，宣称：“贝尔德先生发明的机械式扫描电视摄像机和接收机，首次向

4英尺外的地方传送了一个十字花影像，宣告了世界首台电视机的诞生。”见习记者写道：“贝尔德先生的电视机全是用废料制成的，光学器材是自行车灯的透镜，机座是旧茶叶箱，整个装置用碎木块、织布针和密封蜡固定在一起，电线则是乱糟糟的蜘蛛网般的东西……最大的奇迹在于，他用这些粗劣的材料，搞出了当代最新的发明！我只能说，我在一个鸡窝里看见了金凤凰。我断言，总有一天，这只金凤凰会飞出鸡窝，一鸣惊人……”

这篇报道在报纸上登载后，引起了各界的注意。这对贝尔德的鼓励很大，他的工作总算有人认可了。他开始着手改进实验。可就在这关键的时候，他的钱全部用光了，连吃饭都成了问题。

冬天来了，贝尔德还穿着夏天的单衣，他缩着单薄的身子，在伦敦的街头徘徊，冻得瑟瑟发抖。为了使实验继续进行下去，他拜访了好多社会名流，但这些大人物都不愿意资助他。因为当时对于电视能否研制成功，几乎没有人关心。最后，贝尔德只好采纳威尔斯的建议，去向科学博物馆求助。博物馆答应给他一小笔款项，条件是把他现在的样机赠送给博物馆。贝尔德接受了这个条件，忍痛将第一套样机送给了博物馆。用这笔钱，贝尔德付清了房租，购买了食品和实验器材，满怀希望地开始了新的挑战。

发明的道路总是不平坦的。几个月过去了，实验并未达到预期的效果，而博物馆资助的钱却花光了，贝尔德又陷入山穷水尽的地步。苦闷的时候，他常常独自伫立在博物馆展厅里，看着自己当初用饼干筒制成的样机，不禁落下泪来。

他在心里默默地念叨：“这是我几年心血的结晶，我的理想，我的梦，也是我的希望和生命啊！”

在最困难的时候，家乡的两位堂兄获知他的困境，特地寄来了 500 英镑作为入股的资金。这使贝尔德绝处逢生，他注册了一家小规模的电视有限公司，继续进行发明电视的实验。

一张活生生的脸

贝尔德夜以继日地做实验。不大的房间里挂满了木偶，原来是他请不起助手，只能用木偶作为模特。经过无数次失败，贝尔德终于用电信号将一个木偶的形象复现在屏幕上。成功就在眼前。

转眼间已是1925年。一个和煦的春日，有位客人来探望他。贝尔德打开门，看见来人满脸络腮胡，觉得面熟。对方也眯缝着眼打量他，忽然爽朗地笑起来，大声地说："原来是你呀，发明家！"

"哦，您是马车上的那位先生！"

贝尔德也认出对方就是当年马车上的赛布里先生。赛布里在伦敦开有几家商号。他听说有个穷困潦倒的发明家在这间小屋里发明电视，不知为什么，他的脑袋里总闪现出一个少年的身影，于是特地登门来瞧瞧。不曾想，发明家果然是当年口出豪言的少年。

看到贝尔德的处境，赛布里慷慨表示，他可以在自己的大商店里为贝尔德组织一次公开演示，经费全部由他来提供。

演示取得了很好的宣传效果，电视摆在商店大厅的一角，围观者络绎不绝。发送的图像是一个叫“比尔”的大鼻子玩具木偶，它的造型很滑稽，为演示增添了许多喜剧色彩。虽然重现的图像有些摇晃颤动，但是木偶那球形的大鼻子却很醒目，这引起了观众强烈的好奇心。附近的居民闻讯前来观看，商店的营业额也因此增加了一倍。

贝尔德的名声传开了，电视渐渐得到了公众的重视。贝尔德继续改进机器，工作进展得很顺利。命运之神开始向他露出微笑。

1925 年 10 月 2 日清晨，贝尔德把一种新型光电转换器装在机器上，接通电源，扫描盘快速转动起来，他意外地发现玩偶“比尔”的图像比往常逼真得多。贝尔德又惊又喜，耳畔蓦地响起那个编辑讽刺的话语：“为什么你不能传送一张活人的脸呢？”现在该是用事实来回答的时候了！

他推开房门，飞快地冲下楼，一把抓住楼下杂货店里的一个学徒。

“对不起，请你帮帮我的忙！”

那个小伙计只有 15 岁，名叫威廉，他被贝尔德莫名其妙地拽上了楼，不知道究竟发生了什么事。贝尔德叫他端坐在一张椅子上并面对着摄像透光镜，然后贝尔德调好了灯光。

“好，瞧着这边，千万别晃脑袋！”

贝尔德叮嘱完毕，急忙跑到安放接收机的另一个房间。可是摆弄了半天，屏幕上半点人影都没有！

“怎么回事？”

他把接收机的各个部分都检查了一遍，运转都很正常。他急匆匆地跑回发送室一看，才发现原来那个小伙计受不了强光的照射，把椅子挪到屋角，正坐在那儿打瞌睡呢！

贝尔德这才想起来刚才太兴奋了，忘了给小伙计交代注意事项。他扶起打瞌睡的威廉，拖过椅子，赔着笑脸连求带哄地说："小老弟，暂时忍耐一下，乖乖坐在这儿，只要两分钟！"

威廉坐在灯前，摆好姿势。

贝尔德急不可待地奔回接收室。

几秒钟后，闪烁的屏幕上映现出一张年轻人的面孔：皮球脸，翘鼻头，嘴唇咧开，还在笑呢。

“呵，是小伙计！一张活生生的脸！”贝尔德激动得跳了起来。人类第一次在屏幕上看见了自己的形象，这也是贝尔德一生中最难忘的时刻。经过数年不辞劳苦的攀登，他终于实现了自己的梦想。

贝尔德对机器性能进行了进一步改善。3 个月后，他在英国伦敦皇家学会展示了自己的发明，并当场进行了演示，40 位皇家学会的专家亲临演示现场观看。接收机摆在大厅里，贝尔德在厅侧一间小屋里操作发送端，中间用导线相连。一位很有威望的老学者自告奋勇地当模特，他坐在一张沙发上，对着摄像镜头神态自若。不一会儿，接收机屏幕上出现了他抽烟和招手的画面，大厅里爆发出一片掌声和喝彩声。这一天是 1926 年 1 月 27 日。后来，国际上公认这是世界上第一次正式公开播放电视的日子。

经过几年艰苦卓绝的努力，贝尔德终于实现了许多专家学者都未能实现的梦想。一个贫病交加的业余爱好者，凭着他的勇气、才智和实干精神，终于登上了科学发明的高峰。

鸡窝里真的飞出了金凤凰！

时代跨过了他

时代在大步地前进，贝尔德的发明很快得到了社会的承认。不久，很有影响力的英国广播公司 BBC 邀请贝尔德进行表演，对他的发明给予了很高的评价，并探讨了在全国进行电视广播的可能性。

1928 年，贝尔德电视公司生产出首台面向消费者的商用电视机。

同年 2 月 8 日，贝尔德利用马可尼发明的无线电，成功地把电视图像从伦敦传送到纽约。美国公众在屏幕上看到了伦敦传来的电视图像，这成为轰动一时的新闻。1929 年，英国广播公司第一次向全国播送电视节目。这是世界上最早的电视广播，采用的是贝尔德的机械扫描式电视，图像分辨率是 30 行线。

1930 年，电视配上了音响效果，英国广播公司播放了世界上第一部电视剧。

1931 年春，伦敦的观众坐在电视机前，观看了在外地举行的赛马比赛的实况转播。后来，英国广播公司正式向全国播送电视节目。其他国家也相继开始了试验性电视广播。

正当贝尔德的事业开花结果时，从美国传来了有一种效果更佳的电视机问世的消息！发明人采用了最新的电子器件——析像管。电子扫描取代了机械式扫描，笨重的机械圆盘被淘汰了。图像的清晰度一下从 30 行线提高到几百行线，并且每秒可放映 25 帧画面，其性能远远超过了机械式扫描电视。这位发明人名叫楚留金，是俄罗斯一个航运商的儿子，比贝尔德小一岁，毕业于圣彼得堡技术学院（现为圣彼得堡技术大学）。楚留金后来移民美国，在威斯汀豪斯公司从事阴极射线管研究。1925 年楚留金发明了电视摄像管，1931 年又发明了电视显像管。这两项发明奠定了现代电视技术的基础。美国无线电公司向楚留金提供了巨额资金支持，使新的电视系统投入使用。

另一位美国发明家法恩斯沃斯，采用最新发明的光电管及阴极射线管，于 1927 年成功地实现了用电子技术传送图像。1928 年，他发明了电子图像分解摄像机。1929 年，他成立了法恩斯沃斯电视股份有限公司。1937 年，他的电子电视系统成功地击败了贝尔德的机械式扫描电视装置，从而确定了电子电视系统的垄断地位。直到这时，真正意义上的现代电视诞生了。

这不啻是一场革命！它标志着电视的发展进入了一个新的阶段。

贝尔德的领先地位被动摇了。仅仅三五年间，全世界的机械式扫描电视被新一代产品所淘汰。作为电视的鼻祖，贝尔德受到的冲击是巨大的，但是他并不感到沮丧。他认识到这是时代的进步，是科学技术突飞猛进的标志。由尼普科夫发明，经他完善的机械式扫描电视，是人类的第一代电视。它完成了自己的使命，光荣地隐退了，但它是电视发展史上的一个里程碑。

贝尔德并没有止步，他重整旗鼓，继续开拓电视的新领域。对于一个发明家来说，未来是没有止境的。1936年，贝尔德试制了超大屏幕电视机，并开始研制第三代、第四代电视机——彩色电视和立体电视。可惜的是，由于希特勒发动了第二次世界大战，他最终壮志未酬。1940年，贝尔德正在进行首次彩色图像传送实验，一枚德国的V-2飞弹落在伦敦市区，炸毁了他的实验室，他的理想就这样被战火埋葬了。

1946年6月14日，贝尔德因病不幸在英格兰贝克斯希尔去世，年仅57岁。他为人类的电视事业献出了自己平凡而伟大的一生。

从此，电视开始风靡全球，与人们的生活发生了越来越密切的联系。彩色电视、电话电视、卫星电视、电脑电视、数字电视以及手机电视的发展，使人类进入了绚丽多彩的信息时代。

如今，电视已成为普及率最高的家用电器之一，而电视新闻、电视娱乐、电视广告、电视教育等已形成了规模巨大的产业。电视作为一项伟大的发明，给人类带来了视觉革命。

贝尔德的老式电视机早已成了历史，但是他发明电视的故事，他的那种实干精神和锲而不舍的毅力，永远激励着后人。